Wohin steuern wir?

Stefan Knobloch

Wohin steuern wir?

Theologische Aspekte zur digitalen Welt

Matthias Grünewald Verlag

VERLAGSGRUPPE PATMOS

PATMOS
ESCHBACH
GRÜNEWALD
THORBECKE
SCHWABEN
VER SACRUM

Die Verlagsgruppe
mit Sinn für das Leben

MIX
Papier | Fördert gute Waldnutzung
FSC® C083411
FSC www.fsc.org

Die Verlagsgruppe Patmos ist sich ihrer Verantwortung gegenüber unserer Umwelt bewusst. Wir folgen dem Prinzip der Nachhaltigkeit und streben den Einklang von wirtschaftlicher Entwicklung, sozialer Sicherheit und Erhaltung unserer natürlichen Lebensgrundlagen an. Näheres zur Nachhaltigkeitsstrategie der Verlagsgruppe Patmos auf unserer Website www.verlagsgruppe-patmos.de/nachhaltig-gut-leben

Bibliografische Information der Deutschen Nationalbibliothek
Die Deutsche Nationalbibliothek verzeichnet diese Publikation in der Deutschen Nationalbibliografie; detaillierte bibliografische Daten sind im Internet über http://dnb.d-nb.de abrufbar.

Verlagsgruppe Patmos in der Schwabenverlag AG, Ostfildern
www.gruenewaldverlag.de

Umschlaggestaltung: Finken & Bumiller, Stuttgart
Umschlaggrafiken: Noun Project
Gestaltung, Satz: Schwabenverlag AG, Ostfildern
Druck: CPI books GmbH, Leck
Hergestellt in Deutschland
ISBN 978-3-7867-3376-8

Inhalt

Vorwort

Das Stichwort der Digitalisierung ist heute in aller Munde. Es fand sich schon im Regierungsprogramm der Ampel: »Mehr Fortschritt wagen«. Das heißt nicht, dass heute nicht andere Probleme wie der Krieg in der Ukraine, die Energieversorgung, die Rezession, die Entwicklung des Klimas, neue Migrationsbewegungen und anderes die Digitalisierung überlagern können. Im Hintergrund aber bleibt die Digitalisierung des Lebens als »basso continuo« unserer Gesellschaftsverhältnisse vernehmbar.

Mit der digitalen Welt verbinden sich Erwartungen und Hoffnungen auf Erleichterungen des Lebens, in deren Genuss wir zum Teil bereits kommen. Darüber hinaus verbinden sich mit der Digitalisierung Entwicklungen, die nicht klar absehbar, die offen sind. Manche Ideen von Digital- und von KI-Visionären kommen mit einem betörenden Verheißungscharakter einher, auf den die Menschen hereinfallen. *Make the world better* lautet die Devise. Die Ideen gehen bis dahin, dass es eines Tages möglich sei, das menschliche Gehirn auf einen Supercomputer »upzuloaden« bzw. dem Menschen ein verlängertes Leben, wenn nicht eine Zukunft über den Tod hinaus in Aussicht zu stellen.

Was sich damit an Fragen auftut, was sich damit auch der Theologie an Herausforderungen stellt, das versuche ich in diesem Buch anzureißen. Mehr als anreißen kann es nicht sein. Das macht es erforderlich, einen Einblick und einen orientierenden Überblick über die heutige Forschungs- und Diskussionslage zu bieten, die freilich so rasant fortschreitet, dass man ihr im Grunde immer hinterherhinkt.

Zum Versuch einer theologischen Befassung mit der digitalen Welt von heute fühlte ich mich neben dem französischen

Theologen Michel de Certeau (1925–1986) vor allem durch den französischen Philosophen und Soziologen Bruno Latour (1947–2022) ermutigt. Michel de Certeau zeigte in einer Studie über die Mystiker des 16.und 17. Jahrhunderts auf, dass die Mystik gegen die herkömmliche religiöse Praxis antrat und die institutionelle Praxis des Glaubens unterwanderte. Bruno Latour aber lenkte den Blick in seinen Studien auf die Netzwerk-Zusammenhänge des Lebens. Sie ließen ihn erkennen, dass es im Glauben weniger um eine Handhabe mit festen Beständen gehe als darum, sich auf die Risiken des Glaubens einzulassen. Die »Offenheit« beider, von Certeau wie von Latour, scheint eine Möglichkeit zu bieten, mit manch überschießenden Ideen der Digital- wie der KI-Visionäre ins Gespräch zu kommen.

Passau, im Januar 2023 Der Verfasser

1. Die sich vernetzende digitale Welt

Es kann nicht mehr verborgen bleiben, dass die digitale Welt in alle Lebensbereiche gesellschaftlicher, wirtschaftlicher, wissenschaftlicher, kultureller und privater Art eindringt. Das fühlt sich manchmal wie eine Disruption, wie eine Unterbrechung bisheriger Lebensgewohnheiten an, die von den einen begeistert angenommen, manchmal wie eine Verheißung in eine neue Phase der Menschheit gefeiert wird, während andere zurückhaltend die Stirn runzeln; von Reaktionen dazwischen ganz abgesehen. Kaum jemand kann sich der Tatsache des Einbruchs der digitalen Welt in die heutigen Lebensverhältnisse entziehen.

Die digitale Welt ist ein komplexes und vielfältiges Phänomen, das in seiner Konnektivität hier fürs Erste in einigen Farbtupfern skizziert werden soll.

Naheliegende Vergleiche mit früheren Erfindungen wie etwa der Dampfmaschine, die man auf die Schiene setzte und heraus kam die erste Zugfahrt von Nürnberg nach Fürth, verbieten sich eigentlich. Immerhin stellten sich damals die Leute die Frage, ob sie bei der Zugfahrt noch genug Luft um die Nässe hätten. Auch Vergleiche der Erfindung der Elektrizität oder anderer Errungenschaften der früh-modernen Wissenschaften und Technik mit der digitalen Welt hinken erheblich. Wie Vergleiche ja immer hinken. Dirk Baecker vertritt bezüglich der digitalen Welt die These, »dass die Einführung des Computers für die Gesellschaft ebenso dramatische Folgen hat wie zuvor die Einführung der Sprache, der Schrift und des Buchdrucks«.[1] An Baeckers Vergleich könnte stören, dass in ein und demselben Atemzug von der »Einführung« der Sprache, der Schrift und des Buchdrucks gesprochen wird, wo es sich doch bei Sprache und Schrift um langsame Entwicklungen der Hominisation handelt, während sich der Buchdruck einem genialen Einfall des Johannes Gutenberg verdankt.

Digitale Welt – eine unser Leben bestimmende Welt

Der Wandel hin zur digitalen Welt machte sich in den USA früher als bei uns bemerkbar. Dort war die Digitalisierung relativ früh zu einem Teil des Lebens geworden. Manche erblicken in ihr angesichts der Unübersichtlichkeit des modernen Lebens einen Faktor der Stabilität.[2] Die Datenmengen, die das moderne Leben, die Industrie, der weltweite Handel, die Wirtschaft, die Wissenschaft, die Kultur und andere Bereiche produzieren, wären heute ohne die digitale Welt nicht mehr zu bewältigen. So kommt es, dass die digitale Welt den Eindruck einer kompensierenden Stabilitätsfunktion erwecken kann. Man denke nur an die von der öffentlichen Verwaltung zu leistende Erfassung der vor dem Vernichtungskrieg in der Ukraine in den Nachbarländern Zuflucht Suchenden. Ohne die bei uns ohnehin eher noch unterentwickelte Digitalisierung wären die Registrierungsaufgaben gar nicht zu bewältigen gewesen.

In allen Bereichen des Lebens wird heute eine Beschleunigung der Datenverarbeitung und Datenauswertung erwartet: in der Industrie und im globalen Handel, die auf die Verlässlichkeit von Lieferketten angewiesen sind, im modernen Gesundheitswesen, das ohne die moderne digitale Technik zurückgeworfen wäre. So sind heute im medizinischen Bereich hochspezialisierte digitale Geräte auf dem Gebiet der Tumor-Diagnose im Einsatz, die als die besseren »Diagnose-Ärzte« gelten. Allerdings nur unter der spezifischen Perspektive der Diagnose. Für die Krankengeschichten von Patienten, für ihr Schwanken zwischen Hoffen und Bangen, haben digitale Geräte keine Antenne. Ebenso bewährt sich die Digitalität mehr und mehr in der Klimaforschung.[3] Klimawissenschaftler bedienen sich der KI (der Künstlichen Intelligenz) und der Big Data, um die internationalen Klima-Studien zusammenzuführen, zu klassifizieren und zu kartieren. Algorithmen »lernen« mathematisch eingegebene Daten aus Einsen und Nullen zu bearbeiten. Sie lernen über die Methode der Korrelationen ein »Verständnis« des Datenmaterials, wobei es sich freilich um kein inhaltliches Verstehen handelt. Sie verarbeiten lediglich Einsen und Nullen, ohne die geringste Ahnung zu haben, mit welchen Inhalten sie sich da beschäftigen. Künstliche Intelligenz bewährt sich auch im Bereich des Kulturschutzes, etwa wenn es darum geht, über Datenbanken Auskunft über Herkunft und Besitzverhältnisse von Kunstwerken zu erhalten.[4]

Im Blick auf den Einsatz datenbasierter Algorithmen und die dadurch erwartete Gewinnmaximierung herrscht(e) bei manchen Unternehmern bisweilen eine Art Goldgräberstimmung. Dabei nehmen Algorithmen den Unternehmern keine Entscheidungen ab, dazu sind sie nicht in der Lage. Algorithmen verfügen über keine Imaginationen und Visionen. »Sie kennen weder Emotionen noch Sorgen, kein Hoffen und kein Vertrauen. Genau dies sind aber zentrale Ressourcen für richtungsweisende Entscheidungen und damit das exklusive Feld unternehmerischer Entscheider.«[5] Dass der Hype auf die digitale Welt auch kriminelle Energien befördert, zeigt ein Fall aus Silicon Valley, wo ein Unternehmen um vorfinanzierende Unterstützung mit dem Argument geworben hatte, es werde alsbald ein Produkt auf den Markt bringen, das in der Lage sei, in einem einzigen Bluttest Hunderte von Krankheiten zu diagnostizieren. Das klang verlockend. Die Spendengelder an das betrügerische Unternehmen flossen und versickerten im trockenen Boden von Silicon Valley.[6]

Der Traum einer verbesserten Welt

Eines der großen digitalen Schlagwörter lautet: *make the world better*. Hier sehen sich KI-Technokraten am Werk. Manche streben überschießende Ziele an, von denen wir sprechen werden. Andere verfolgen das Ziel, mit Hilfe der digitalen Möglichkeiten von Tag zu Tag leistungsfähiger, gesünder zu werden. Sie ertüchtigen sich in ihrem körperlichen Befinden. Sie tragen alles Mögliche an ihrem Körper, um sich ständigen Messungen zu unterziehen. »Fitness-Tracker, Smart Watches, Schrittzähler und vieles mehr. Das Ziel ist [...] , noch gesünder, noch glücklicher, noch klüger zu werden. [...] Warum sollte man sich [...] nicht von einer professionellen KI die Herzfrequenz überwachen lassen, die Insulinwerte, den Zuckerspiegel, den Blutdruck?«[7] Sofern das gesundheitlich angezeigt ist, versteht sich das von selbst. Aber bei einem gesunden jungen Menschen kann das zu einer Fixierung auf sich und den eigenen Körper führen, die alles andere als gesund sein muss. Ganz abgesehen davon, dass einer so im Nebeneffekt für die Netzbetreiber allmählich zum gläsernen Menschen wird, den sie nach allen Regeln der Kunst »aussaugen«.

Aufhorchen ließ 1997 die Welt, als der damalige Schachweltmeister Garry Kasparov vom Supercomputer *Deep Blue* von IBM im Schachspiel bezwungen wurde. Das aber war kein Indiz einer die Intelligenz Kasparovs überragenden schachspezifischen »Computer-Intelligenz«. Der Vorteil des Computers gegenüber Kasparov bestand darin, für das Spiel eine unvorstellbar große Masse an Informationsdaten in Anspruch nehmen zu können.

Die Möglichkeiten der digitalen Welt erzeugen eine Schein-Kreativität, indem sie auf der Basis eingegebener Datenmengen zum Beispiel Texte, Musikstücke, ja Gemälde »generieren« können, wobei sie weder eine Ahnung vom Genre eines Textes, noch vom Genre eines Musikstückes, noch vom Genre eines Gemäldes haben. Es bleibt erstaunlich, mit welchem Vertrauensvor- bzw. -überschuss sich Nutzer den großen Internetkonzernen wie Microsoft, Google, Facebook, Amazon und Apple anvertrauen. Die Konzerne treiben mit dem Vertrauen ihrer Nutzer sozusagen Wucher. Bisweilen verbinden Nutzer gegenüber der digitalen Welt fast so etwas wie parareligiöse Hoffnungen und Verheißungen.[8] Und selbst, wer zurückhaltender reagiert, kann mit der Zeit dem Eindruck erliegen, die konnektiv alles miteinander verbindende Welt der Digitalität werde die Welt schließlich bis ins Letzte zugänglich machen.[9] Darin zeichnet sich die Gefahr ab, dass die digitale Welt die Oberhand über die analoge Welt gewinnen werde.

Man muss kein Zukunftspessimist sein, wenn man Gefahren dieser Art für möglich hält. So sieht der französische Philosoph Gaspard Koenig die Gefahr, dass die digitale Welt den Weg zu einem »radikalen Empirismus« frei mache, zu einer Welt, die sich in die Abhängigkeit der digitalen Welt begibt. »Nur die

Korrelationen zwischen Milliarden und Aber-Milliarden Daten zählen und die Regelmäßigkeiten, die aus ihnen extrahiert werden. Das Konzept der Kausalität wird also wie eine Caprice (d. h. wie eine obsolet gewordene Fähigkeit; S.K.) unseres Verstandes aussehen, die dem Fortschreiten des Wissens im Weg gestanden hat.«[10] Es stehe also ein Empirismus bloßer Korrelationen in Aussicht.

Von dieser Zukunfts-Welt handeln schon längst Filme.[11] Im Film *Avatar* von James Cameron (2009) wird die Hauptfigur des Films von dem von ihm erfundenen Avatar geformt, sie gerät in dessen Abhängigkeit. Im Film *Lucy* (2014) von Luc Besson nutzt Lucy die Möglichkeit, ihr Gehirn in Computernetzwerke hochzuladen, die ihr physisches Aussehen und das Erscheinungsbild des Körpers verändern, »bis hin zur Verwandlung in einen Schwarm von Nanopartikeln«.[12] Im Film *Ex Machina* (2015) von Alex Garland stellt die Roboter-Protagonistin *Ava* die Welt auf den Kopf. Während *wir* ihre Emotionen als künstlich produziert ansähen, belehrt *sie* uns, »dass das, was wir als künstlich und produziert ansehen, ein Teil des Menschen werden sollte«[13], und nicht umgekehrt die Technik eine Fähigkeit in der Hand des Menschen sein sollte. Das sind ausgreifende Phantasien, Phantasien eines Transhumanismus, der von der Verschmelzung von Mensch und Maschine träumt. Das alles kann ins Spiel kommen, das alles kann nachrutschen in der »Kultur der Digitalität«.[14]

Man hat schon länger erkannt, dass es angezeigt ist, sich in aller Behutsamkeit und Aufgeschlossenheit auch aus theologischer Perspektive bzw. aus der Perspektive des Glaubens mit der Digitalität zu befassen.

2. Zur Genese der Digitalisierung – Einflüsse, Faktoren, Entwicklungen

Die Digitalisierung ist nicht einfach über Nacht über uns gekommen, ihre Wurzeln reichen tiefer zurück. Um an einem Punkt einzusetzen, ohne dabei sicher zu sein, ob ich dabei eine richtige Richtung einschlage, möchte ich an René Descartes (1596–1650) anknüpfen. Descartes' Interesse galt unter anderem auch den im 17. Jahrhundert aufstrebenden Naturwissenschaften. Er war davon überzeugt, dass dem Universum der gegenständlichen Objekte wie dem Universum des Geistes der mathematische Code der Geometrie und der Arithmetik zugrunde liege. Er sprach in einer dualistischen Formel von der *res extensa* und der *res cogitans*. Das hatte bei ihm nicht die Bedeutung der thomistischen Unterscheidung in Materie und Form. Anstelle der thomistischen Differenzierung treten jetzt Materie und Geist als nebeneinander stehende Substanzen auf, »aus denen sich alles Seiende zusammensetzt.«[15] Darin schwingt ein Dualismus mit, der nicht mehr radikal ist, sondern dessen Pole sich aufeinander zubewegen. Darin lässt sich die Tendenz erkennen, dass das Verhältnis von Mensch und nichtmenschlicher Wirklichkeit zu einer Herausforderung der KI und zu einem Arbeitsfeld der KI werde.

Neben René Descartes ist auch an Gottfried Wilhelm Leibniz (1646–1716) zu denken, der sich mit der Frage befasste, mit Hilfe der Mathematik einen möglichst umfassenden Zugang zur Wirklichkeit zu erschließen. Er bastelte an einer Rechenmaschine. Man schreibt Leibniz den Satz zu: Es sei unwürdig, »die Zeit von hervorragenden Leuten mit knechtischen Rechenarbeiten zu verschwenden, weil bei Einsatz einer Maschine auch der Einfältigste die Ergebnisse sicher hinschreiben kann.«[16]

Darin klingt wie in einem kühnen Vorgriff das Zeitalter der Digitalisierung an. Eine neue Maschinentechnologie werde den Umgang mit den täglichen Aufgaben und den Zugang zur Wirklichkeit der Welt erleichtern und beschleunigen. Dabei hält Leibniz an der Grenze zwischen Mensch und Maschine fest.

Neue Dynamisierungen

Im 18. und 19. Jahrhundert bemächtigte sich mit dem Einsetzen des Industriezeitalters der Menschen eine neue Dynamisierung. Sie verspürten einen Drang, sich von Untertanen zu selbstständigen Subjekten zu emanzipieren. Sie versuchten sich ihrerseits in die ökonomischen, sozialen und kulturellen Wandlungsprozesse einzubringen. Dabei waren unterschiedliche Aktivitätsmuster zu erkennen, die unterschiedliche Ziele verfolgten. Für die einen führten die neuen Entwicklungen zu neuem Wohlstand, andere aber fanden sich in neuer Ungerechtigkeit und in neuen Formen der Ausbeutung wieder.

Die Veränderungen in der Gesellschaft riefen nach neuen effektiveren Organisations- und Kommunikationsformen. Diese nicht nur für Europa, sondern vor allem auch für die USA typische gesellschaftliche Bewegung fasste der kanadische Soziologe

Marshall McLuhan in den Begriff einer *neuen Galaxis,* die die bis dahin geltende »*Gutenberg-Galaxis*«[17] ablöste. In der Gutenberg-Galaxis hatten über Jahrhunderte jene das Sagen, die über das Privileg des Zugangs zur gedruckten Schrift verfügten, während gesellschaftlich Unterprivilegierte zusehen mussten, wo sie blieben. Die *neue Galaxis* rief laut nach neuen Formen der Kommunikation, die in der digitalen Welt Gestalt annahmen.

Felix Stadler fasst die Veränderungen innerhalb der bundesrepublikanischen Gesellschaft der zurückliegenden fünfzig Jahre für die siebziger Jahre in den Begriff der »nachindustriellen Gesellschaft«, für die achtziger Jahre in den Begriff der »Informationsgesellschaft« und für die neunziger Jahre in den Begriff der »Netzwerkgesellschaft«.[18] Die heute dominante Gesellschaftsform wird in den Begriff der Digitalisierungsgesellschaft gefasst. Aus einem etwas anderen Blickwinkel hatte Ulrich Beck die Gesellschaft der achtziger Jahre als Risikogesellschaft[19] typisiert. All diese Begriffe heben dabei jeweils dominante Aspekte hervor, die der Komplexität der Gesellschaftsverhältnisse nie bis ins Letzte gerecht werden. Ihnen haftet immer eine Komplexitätsreduktion an.

Ein Workshop im Dartmouth College

In der Genese der Digitalisierungsprozesse spielt im Jahr 1956 eine Einladung zu einem mehrwöchigen Workshop im Dartmouth College in Hannover, New Hampshire, eine entscheidende Rolle, da in ihr der Begriff der Künstlichen Intelligenz (KI) auftaucht.[20] Der Workshop-Entwurf formulierte folgende Ziele: »Wir schlagen vor, im Laufe des Sommers 1956 über zwei Monate ein Seminar zur Künstlichen Intelligenz mit zehn Teilnehmern am Dartmouth College durchzuführen. Die Studie soll von der Annahme ausgehen, dass grundsätzlich alle Aspekte des Lernens und anderer Merkmale der Intelligenz so genau beschrieben werden können, dass eine Maschine zur Simulation dieser Vorgänge gebaut werden kann. Es soll versucht werden herauszufinden, wie Maschinen dazu gebracht werden können, Sprache zu benutzen, Abstraktionen vorzunehmen und Konzepte zu entwickeln, Probleme von der Art, die zurzeit den Menschen vorbehalten sind, zu lösen und sich selber weiter zu verbessern. Wir glauben, dass in dem einen oder anderen dieser Problemfelder bedeutsame Fortschritte erzielt werden können, wenn eine sorgfältig zusammengestellte Gruppe von Wissenschaftlern einen Sommer lang gemeinsam daran arbeitet.«[21]

Dieser Text entwirft ein Forschungsprogramm, das es in sich hat. Aus ihm sprechen Bescheidenheit und Behutsamkeit und gleichzeitig greift es nach Sternen, ohne genau zu wissen, wonach es da greift. Heute nach beinahe siebzig Jahren ist es leicht, »ex post« an diesem Programm Schwachstellen auszumachen. Aber nicht deshalb blicken wir auf diesen Text, sondern weil er die Chance bietet, in ihm erste Konturen der Gesamtproblematik der Künstlichen Intelligenz wahrzunehmen.

Da wird der Begriff der Künstlichen Intelligenz aus der Taufe gehoben, mit dem sich Erwartungen verbinden. Er läuft darauf hinaus, die Fähigkeit des Menschen, genauer seine Intelligenz und seine Lern-Fähigkeit in ihrem Wesen, in ihrer Substanz besser verstehen zu lernen. Nein, das träfe den Fokus noch nicht genau genug. Es sollte darum gehen, größere Klarheit über die Voraussetzungen, über die Bedingungen der Arbeitsweise, des Funktionierens der menschlichen Intelligenz zu gewinnen. Denn der Text spricht von »Vorgängen«. Er fokussiert sich auf die Funktionsweise des Gehirns mit dem Ziel, diese Funktionsweise technisch in einer Maschine nachzubilden. Dabei gibt sich der Text bescheiden. Er denkt nicht an der menschlichen Intelligenz adäquate Funktionsleistungen der Maschine, also nicht an ein äquivalentes Spiegelbild menschlicher Intelligenz. Der Text stellt auf eine *Simulation* ab. Damit kommen die Begriffe der *menschlichen Intelligenz* und *ihrer Simulation* ins Spiel, die beide die Aura einer großen Unbestimmtheit an sich haben.

Das Workshop-Projekt gab sich der Hoffnung hin, dass sich empirisch ein Funktionsbild der menschlichen Intelligenz erstellen lasse, um es dann mathematisch auf eine Maschine zu übertragen. Deshalb schien der erste Schritt darin zu bestehen, das menschliche Lernen und andere Merkmale der menschlichen Intelligenz zu »beschreiben«. Man hielt die menschliche Intelligenz für »beschreibbar« und rechnete dabei zu wenig damit, dass die menschliche Intelligenz auch »unbeschreibbare« Inhalte haben könnte. Dem Projekt sollte es zunächst genügen, die beschreibbaren Aspekte zu erfassen, um diese mathematisch den Maschinen zu »implementieren«. Das angestrebte Projekt konnte nur die Funktionen des Gehirns, aber nicht dessen totale Wirklichkeit erfassen.

Inhaltlich versprach man sich, die Maschine fähig zu machen, Sprache zu »benutzen«. Interessant, dass hier nicht von Sprache zu sprechen die Rede ist. Denn eine Sprache zu sprechen schließt ein, das, was man sagt, inhaltlich zu verstehen. Deshalb ist von simulierenden Abstraktionen die Rede, die exakt darin bestehen, dass die Funktionen des menschlichen Gehirns simulativ auf anorganische Maschinen übertragen werden. In der Formulierung, Sprache zu »benutzen«, deutet sich die Einsicht in die Distanz der Sprachfähigkeit des Menschen gegenüber der »Sprachfähigkeit« einer Maschine an. Die Sprachfähigkeit der Maschine wird an das »Original« nicht heranreichen.

Anders konnte es in Bereichen sein, in denen Maschinen Aufgaben schneller lösen als der Mensch, deren Lösung bisher dem Menschen vorbehalten war. Vielleicht kämen darüber hinaus maschinelle Lösungen der menschlichen Intelligenz mit der Zeit immer näher, bis eines Tages die Maschine die menschliche Intelligenz sogar übertreffe.

Über dem Workshop des Dartmouth College wehte die Flagge der Hoffnung auf neue Erkenntnisse, auf »bedeutsame Fortschritte«, zu deren Realisierung man beitragen wollte, um den Anschluss an das Zeitalter neuer Technologien nicht zu verpassen.

Das Workshop-Projekt gibt einen ersten Einblick in die Ziele der Künstlichen Intelligenz, es blinzelt in die Morgenröte der aufkommenden digitalen Welt. Eine Welt, die man heute im Auge behalten muss sowohl hinsichtlich ihrer positiven Aspekte wie ebenso hinsichtlich mancher Gefahren, die sich mit ihr auftun können.

Die Initiative des wissenschaftlichen Workshops im Dartmouth College war damals sicher nicht das einzige Unternehmen dieser Art. In den USA lag die Entwicklung einer digitalen Welt förmlich in der Luft. IBM brachte 1965 einen Großrechner auf den Markt, der schlanke 1,5 Millionen Dollar kostete.[22] Gegen Ende der sechziger Jahre gab es in den Vereinigten Staaten ca. 700.000 Rechner.[23] Um die Datenmenge von Gigabyte zu speichern, belief sich das um das Jahr 1980 auf Kosten von ca. 400.000 Dollar.[24]

Das Interesse an der neuen Technologie war breit gestreut, in der Wirtschaft, im Handel, im Gesundheitswesen, im Bereich der Verwaltung, der Wissenschaften und anderswo. Das alles schwappte alsbald auf Europa über. »Die Neunziger Jahre bringen das Mobiltelefon für jedermann. Das World Wide Web, 1989 ersonnen, wird 1993 Allgemeingut.«[25] Mit der Ausbreitung mobiler Endgeräte nahm die digitale Kommunikation immer mehr Raum ein. Parallel dazu kamen immer mehr Roboter auf. Richard David Precht verzichtet in dem Zusammenhang nicht auf den süffisanten Hinweis, dass es im Jahr 2020 auf der Erde mehr als zehn Millionen Roboter gab gegenüber 400.000 Elefanten, 30.000 Nashörnern und 20.000 Löwen. Das macht schlaglichtartig deutlich, dass sich die Raumverteilung und damit die Wertschätzung zwischen künstlich-digitaler Welt und analoger Welt zu Ungunsten der analogen Welt verschoben. Die Hightech-Visionäre vertreten den kalten Anspruch des TINA-Prinzips: There is no Alternative.[26]

Zur Technik der KI

Wie funktioniert KI bzw. Digitalität? Was meint der Begriff KI genau? Das ist mit einem Satz nicht zu sagen, da die KI allmählich in eine unüberschaubar werdende Welt von Entwicklungen, Fragen und Problemen führt. In einer allergröbsten Annäherung handelt es sich bei der KI um Versuche, Leistungen der menschlichen Intelligenz, vor allem Prozesse des Lernens, von Maschinen erbringen zu lassen.[27] Im ersten Ansatz war dabei entscheidend, dass die KI eine maschinelle Datenverarbeitung möglich machte. So werden Informationen aus allen Bereichen in einen mathematischen Code gefasst und als Software Maschinen implementiert. Die ersten Computer bestehen aus einem dem menschlichen Gehirn ähnlichen neuronalen Netz von Algorithmen. Es sind Nachbildungen, aber eben auch nicht weniger; es sind Metaphern des Gehirns. Den Computern werden von Informatikern in der Programmiersprache mathematischer Codes Daten eingegeben, die die Algorithmen dann »verarbeiten«.

Ein Computer reproduziert in seiner Datenbearbeitung sozusagen Operationen des Gehirns, die sich allerdings fundamental von der Funktionsweise des Gehirns unterscheiden.[28] Das menschliche Gehirn weiß, womit es sich beschäftigt, der Computer aber hat *zu den Inhalten* nicht den geringsten Zugang. Woran das liegt? Das liegt an der Programmiersprache, die sich als

mathematische Sprache in einem Binarismus bewegt. Für sie gibt es nur zwei Werte: wahr oder falsch; im mathematischen Code ausgedrückt: nur 1 oder 0. Für den Computer gibt es nur Einsen und Nullen. Diesem Sprachcode, dessen sich der Informatiker bedient, fehlt alles von der Qualität einer lebendigen Sprache. So weit reicht ihr Vermögen nicht.[29]

Dieses »Unvermögen« hat der US-amerikanische Philosoph John Searle im Gedankenexperiment des *Chinesischen Zimmers* zu illustrieren versucht.[30] Jemand sitzt in einem Zimmer. Ihm werden von außen »chinesische Ideogramme« hereingereicht, die für ihn fremd und unverständlich sind. Er kann sie nicht deuten. Man fordert ihn auf, die nicht deutbaren Ideogramme exakt in die Reihenfolge zu bringen, die man ihm von außen vorgibt. Er tut das. Herauskommt ein korrekter chinesischer Satz, den der Mann nicht versteht, den er aber an einen Abnehmer nach draußen weiterreicht. Der muss den Eindruck haben, der Mann im Zimmer beherrsche die chinesische Sprache. Dabei begnügte sich der Proband im Zimmer damit, die Anweisungen von außen zu befolgen, ohne auch nur das Geringste von dem zu verstehen, wovon der Satz sprach.

So verhält es sich beim Computer, der in der Sprache von Einsen und Nullen Datenmengen nach einem mathematischen Schlüssel verarbeitet. Er bearbeitet riesige Datenmengen nicht aufgrund einer logischen Kausalkette, sondern aufgrund des Zufalls von Korrelationen. Da die Programmiersprache eine binäre Sprache ist, fehlen ihr alle Zwischentöne, alle Unschärfen, alle Mehrdeutigkeiten; jene Befindlichkeiten also, die für unser Leben so wichtig sind.[31] Die Konsequenz daraus ist die, dass das, was die Algorithmen erfassen, in keiner Weise die Totale unserer Welt in ihrer Mehrdeutigkeit, in ihrer Wandelbarkeit, in ihren Hintergründen abbildet.

Da schließt sich gleichwohl möglicherweise die Frage an, ob ein Computer bei seinen Arbeitsschritten irgendwie »denken« kann. Man kann die Frage nur bejahen, wenn man den Begriff Denken auf eine sehr begrenzte Deutung beschränkt. Der Mann in John Searles Gedankenexperiment dachte logisch, er befolgte die Anweisung, die Ideogramme in die ihm diktierte Reihenfolge zu bringen. Er bewegte sich im Rahmen der Logik anderer. Das war in diesem Fall die einzig in Anspruch genommene Dimension seines Denkens. Andere Dimensionen spielten keine Rolle. In eben diesem Sinn folgen die Algorithmen mathematischem Denken auf der Basis eingegebener Einsen und Nullen. Diese Form des »Denkens« ist den Algorithmen möglich.[32] In ihr bedienen sich die Algorithmen der in sie eingespeisten Datenmasse. Diese Technik wird noch verfeinert mit Hilfe kybernetischer Verschaltungen, die den Rückkoppelungen, den Verästelungen und Verschaltungen des menschlichen Gehirns technisch nachgebaut sind.[33]

Was der Computer leistet, sieht nach Kreativität aus, aber er *simuliert* das Denken des Gehirns nur. In Wirklichkeit dupliziert er nicht die Prozesse des körperlich-gefühlsmäßig-erinnerungsgespeisten Denkens des Gehirns. Insofern durchläuft ein Computer keine tatsächlichen Prozesse.[34]

Die technische Entwicklung machte weitere Schritte. Man spricht von der lernenden Maschine, von der *machine learning*. Die Lernschritte verdanken sich keinen kreativ-intentional gesteuerten Selbsterfindungen bzw. dem Willen der Selbstverbesserung eines Computers. Sie erfolgen nach Maßgabe der Programmierungen, die darauf abzielen, dass Computer »aus Erfahrungen [...] lernen und mit diesen Erfahrungen die Aufgabe besser [...] erfüllen.«[35] Verschiedene Anwendungen kom-

men hier zum Einsatz, die hier nur genannt seien, ohne in die Details vorzudringen.[36] Man unterscheidet ein *supervised learning* (das datenkontrollierte Lernen), ein *reinforcement learning* (der Computer wird für Ergebnisse »belohnt«), ein *unsupervised learning* (der Computer bleibt sich selbst überlassen) und ein *deep learning* (eine Kombination der genannten Lernformen).

Gaspard Koenig bringt das Beispiel, welcher Aufwand zu betreiben ist, damit eine *machine learning* lernt, zum Beispiel eine Katze von anderem zu unterscheiden.[37] Der abstrakte Begriff Katze ist mathematisch nicht in Einsen und Nullen darstellbar. Algorithmen können mit Begriffen nichts anfangen. Also ist es nötig, über die mathematische Eingabe von Millionen von Einsen und Nullen, die für Katzen stehen, und von Millionen von Einsen und Nullen, die für Nicht-Katzen stehen, – in der Sprache der Computer mit Hilfe von »patterns« – die Computer dazu hinzuführen, über logische Kombinationen Muster und Schemata zu erstellen, an deren Ende so etwas wie eine Katze herauskommt. Dabei bleibt dem Computer der Begriff *Katze* weiter fremd. Der Computer beschäftigt sich lediglich mit der Kombination von Korrelationen. Das bedeutet aber alles nicht, dass der Computer den Begriff *Katze* realisiert. Natürlich kann der Computer in der Programmiersprache mit Katzen spielen, aber er hat dabei keine Ahnung, womit er sich da gerade »die Zeit vertreibt«.

Neuromorphe Computer

Alles bisher zur KI Gesagte sollte sich beziehen auf die Verarbeitung von Zahlencodes. Längst aber arbeitet die KI nicht mehr nur auf der Grundlage von neuronalen Netzen. Es gibt mittlerweile *neuromorphe* Computer, die darin etwas Neues darstellen, dass sie durch den technischen Nachbau des menschlichen Gehirns in der Lage sind, nicht nur aufgrund von Zahlen, von Einsen und Nullen zu arbeiten, sondern auch elektrische, magnetische und optische Signale aufzunehmen.[38] Es handelt sich um Geräte, »die die Synapsen und Neuronen des Gehirns physikalisch korrekt *in Hardware* nachbauen, um die physiologischen Vorgänge des Gehirns in Hardware nachzubilden.«[39] Dabei geht es allein um *physikalische* Aspekte der Gehirnleistungen, nicht aber um deren *biologische* Basis. Das bedeutet einen Schritt der Annäherung an das menschliche Gehirn. Und diese Entwicklung wird insofern immer bedeutsamer, als sie auch die Endgeräte der Nutzer erreicht hat, in deren Alltag sie eine unersetzbare Rolle spielen. Teilte man früher die Gesellschaft in Alphabeten, die lesen konnten, und in Analphabeten, die das nicht konnten, auf, so läuft heute die Trennlinie zwischen denen, die in der digitalen Welt zu Hause sind, und denen, die vor ihr ratlos wie vor chinesischen Ideogrammen stehen.

Wahrnehmung – an Bewusstsein gebunden

Von der Tatsache, dass neuromorphe Computer in der Lage sind, elektrische, magnetische und optische Signale wahrzunehmen, ist es nicht weit zu der Frage, ob neuromorphe Computer damit eigentlich schon *wahrnehmen* können in der Art, wie der Mensch wahrnehmungsfähig ist. Nein, auch hier müssen wir wieder auf den Begriff der *Simulation* zurückgreifen.

Der neuromorphe Computer *simuliert* Wahrnehmung. Er kann zwar sensorische Daten auswerten, aber es bleibt bei einer bloßen Datenauswertung. Bis heute kann keine einzige Maschine im strengen Sinn »wahrnehmen«.[40] Gewiss können Maschinen Signalarten erfassen, die der Mensch nicht erfasst; zum Beispiel Radioaktivität und Magnetismus.[41] Bei der Maschine handelt es sich um eine »inhärente Wahrnehmung«[42]. Für sie ist es bezeichnend, dass sie keinen Schritt in die Außenwelt zur Folge hat. Inhärente Wahrnehmung löst keine Handlung in die Außenwelt aus.[43] Inhärente Wahrnehmung kann die »chinesischen Ideogramme« nicht nach außen weitergeben. Wirkliche Wahrnehmung, die mehr ist als innere Wahrnehmung, beginnt »erst nach der Transformation der elektrischen Aktivitätsmuster *in das Bewusstsein,*«[44] und damit sind wir beim Menschen.

Dieser Transformationspunkt des Bewusstseins aber ist im Gehirn nicht messbar und nicht lokalisierbar. Aber er *existiert*, er muss existieren, sonst bliebe es auch bei uns lediglich bei inhärenten Wahrnehmungen. Es bliebe bei nach außen folgenlosen und damit bedeutungslosen Wahrnehmungen. Die Transformation elektrischer Aktivitätsmuster erfolgt ganz offensichtlich *im Bewusstsein* des Menschen, ist aber prozessual nicht messbar.

Es ist die Leistung des Bewusstseins, dass wir Objekte nicht nur inhärent wahrnehmen, sondern sie *in* der Außenwelt lokalisieren. Das leisten nicht messbare Funktionen unseres Gehirns. *Das leistet unser Bewusstsein.*[45]

Diese Fähigkeit entwickelt der Mensch in seinen ersten Lebensjahren. Kinder werden zwar mit der *Fähigkeit* zur visuellen Wahrnehmung geboren, aber diese Fähigkeit wird zunächst nicht im Sehen, sondern im Greifen, im In-den-Mund-Nehmen, im Festhalten von Dingen realisiert. Kleinkinder verstehen in diesem Alter die Objekte ihrer Umwelt »als Verlängerung des eigenen Körpers. [...] In diesem frühen Lernstadium werden Dinge eher ›gelebt als gedacht‹.«[46] Die Kritzeleien eines Kindes mit dem Buntstift sind die Verlängerung des eigenen Körpers. »Das Kind ›malt‹ kein Bild, und schon gar kein Bild *von* etwas. Das Kind *ist* das Bild.«[47] Für Kinder ist »das Wesen der Dinge kein Begriff, sondern das Bild selbst.«[48]

Ein entscheidender Entwicklungsschritt des Kindes hin zur Objekt-Wahrnehmung besteht deshalb darin, wenn sich ein Kind zum ersten Mal im Spiegel selbst wiedererkennt, wenn es sich selbst wahrnimmt. Das ist ein Schlüsselerlebnis. Das Kind ordnet sich damit sozusagen als »Subjekt« *in* die Objektwelt ein. Der niederländische Verhaltensforscher Frans de Waal prägte dafür den Begriff der »Ko-Emergenz-Hypothese«.[49] Das Kind taucht in diesem Erlebnis als *eigene* Wirklichkeit in die umgebende Wirklichkeit ein.

Robert Bellahs Überlegungen verdeutlichen, an welche Voraussetzungen wirkliche *Wahrnehmung* gebunden ist: an das Bewusstsein, »in der Welt zu sein«. Dabei aber handelt es sich um so genannte *Qualia*-Erfahrungen, das heißt, um Erlebnisinhalte, die einem Roboter, einer Maschine bisher fremdbleiben. Ein Roboter *simuliert* das In-der-Weltsein lediglich. Es sieht einem In-der-Weltsein täuschend ähnlich.

Nicht nur Kinder, auch Erwachsene fallen auf diese Simulation herein. Sie spüren eine befremdliche Distanz zwischen sich und einem Roboter und deuten diese Distanz als ein nicht zu identifizierendes Geheimnis des Roboters, von dem sie fasziniert sind und demgegenüber sie ihre eigene Existenz eher als geheimnisleer empfinden. Manche gehen mit Robotern ehrfürchtiger, freundlicher, sozusagen »menschlicher« um als mit den Mitmenschen des Alltags. Manche verlieben sich in Roboter. Sie verwechseln sie mit Menschen und stellen sich sogar vor, sie zu heiraten, wie Umfragen ergeben haben.

Organische Elektronik?

Die Welt der Roboter mag manchen dazu verführen, anzunehmen, dass die digitale Welt in ihren alsbald zu erwartenden Entwicklungen unser analoges Leben eines Tages beherrschen werde. Die heutige KI ist noch nicht so weit. Ingenieure bzw. Visionäre arbeiten im Fachgebiet der »organischen Elektronik«[50] daran, elektronische Schaltungen statt bisher über anorganische Halbleiter wie Silizium über *organische Kohlenstoffverbindungen* möglich zu machen.[51] Zu Ende gedacht schwebt da die Vorstellung im Raum, im Bereich von Computern, von Robotern einen Schritt von der anorganischen Technik zu einer technisch geschaffenen und dann als organisch zu bezeichnenden Lebensform von Computern/Robotern zu tun.[52] Das beflügelt die Phantasie. So vertrat der Philosoph Yuval Harari in einem Vortrag vor dem Weltwirtschafts-Forum in Davos 2018 die These, dass es der Wissenschaft gelingen werde, die Grenze zwischen Technik und belebter Natur zu durchbrechen und Leben auf anorganische Objekte technisch zu implantieren.[53]

Es sind angedachte Vorstöße in Entwicklungen, die hier fürs Erste nur angedeutet seien, die aber theologisch zu reflektieren sind, ohne dass wir dabei dem Fehler verfallen, uns von der digitalen Welt insgesamt abzuwenden und ihr den Rücken zuzukehren. Die heutige digitale Welt verdient theologisch reflektiert zu werden, womit sich die Theologie in jüngerer Zeit zu befassen begonnen hat.

3. Zum Begriffspaar »Künstliche Intelligenz«

Standen bisher eher technische Fragen der KI im Vordergrund, soweit sie in unserer knappen Darstellung überhaupt verständlich wurden, so steht jetzt die epistemische Dimension des Begriffspaars »Künstliche Intelligenz«, bzw., besser im Plural gesprochen, seine epistemischen Dimensionen zur Diskussion.

»Künstliche« Intelligenz

Am einfachsten scheint es zunächst noch, den Begriff »künstlich« zu deuten, nämlich: es sei etwas vom Menschen, durch menschliche Fähigkeit Hergestelltes. Und zwar nicht nur etwas, das sich ohnehin schon wie von selbst anbietet und lediglich durch menschliche Zuarbeit zu perfektionieren ist, sondern etwas, das sich der Idee des Menschen selbst verdankt, technisch geschaffen zu werden.

Nur, worauf zielen solche Ideen, wenn man meint, deren Realisierung »Künstliche Intelligenz« nennen zu sollen? Greift die KI nur auf ein kleines Feld der Aura der Intelligenz aus? Aber welcher Intelligenz: der der Flora, der der Fauna, der des Menschen? In der Tat nimmt sich KI die menschliche Intelligenz zum Maßstab. »Künstlich« ist in dem Sinn zu deuten, die menschliche Intelligenz in bestimmten Bereichen nachzuahmen, sie zu simulieren. Oder wird mehr angezielt? Etwa mit ihr gleichzuziehen, ja die menschliche Intelligenz gar eines Tages zu überholen? Gab am Anfang die Vorstellung den Ausschlag, geistige Abläufe zu mechanisieren, sie maschinell zu beschleunigen und so den Menschen zu entlasten, so steigern sich die Erwartungen an die KI über Rechenleistungen hin zu »schöpferisch-kreative(n) mentale(n) Funktionen«.[54] Sind dieser Entwicklung Grenzen gesetzt, oder dürfen wir umfassend neue Entwicklungen erwarten, die uns zu einem ganz neuen Verständnis der Welt führen?

Zurzeit mäandert die KI begrifflich hin und her. Das sei am Beispiel des Begründers des KI-Unternehmens *Aleph Alpha* in Heidelberg, Jonas Andrulis, erläutert. Nach ihm stehen der KI mögliche revolutionäre Entwicklungen bevor.[55] Auf die Frage eines Interviewpartners, was KI heute gegenüber ihren ersten Anfängen mehr könne, beteuert er, die Überraschung der letzten Monate habe im »Verstehen der menschlichen Perspektive durch KI« bestanden. KI-Forschern sei es gelungen, »sogenanntes ›Weltwissen‹ und Kontextverständnis in die Systeme zu bekommen – und das scheint aktuell weitestgehend geschafft.« Diese erste Auskunft erweist sich als eine irgendwie mäandernde Auskunft. Die KI *verstehe* die menschliche Perspektive (verstehen hier ohne Anführungszeichen). Ein starker Anspruch. Wenn die KI über die menschliche Perspektive, das heißt, über unser Weltwissen und unser Kontextverständnis verfügt, was unterscheidet sie dann noch vom Menschen? Seiner Aussage aber fügt Andrulis hinzu, »das *scheint* aktuell weitestgehend geschafft.« *Ist* es geschafft oder *scheint* es nur geschafft zu sein? Und wenn geschafft, dann doch nicht bloß weitestgehend?

Eine mäandernde Intelligenz

KI verwirkliche sich in einem System, das »intelligent« agiere (intelligent hier mit Anführungszeichen). Unternehmen würden in ihren Entscheidungsprozessen von der KI unterstützt. Was der Begründer eines KI-Unternehmens da äußert, mag gelten im Bereich von Lieferketten, von informationsbasierten Büroarbeiten, aber weniger von Entscheidungen, die ein Unternehmen nicht der KI überlassen kann. Ebenso wenig trifft sachlich zu, das, was die KI leiste, einen Prozess zu nennen. Die mäandernde Sprache Andrulis› ist eine Folge der Annahme, der KI sei es gelungen, an der menschlichen Perspektive Anteil zu haben. KI erkenne »jetzt Inhalte, die nur zwischen den Zeilen sichtbar sind.« Dann aber lässt Andrulis‹ Einschränkung nicht lange auf sich warten, die die der KI zugesprochene menschliche Perspektive sozusagen wieder einkassiert: »Was diesen Modellen noch fehlt, das ist das, was uns Menschen unseren Charakter gibt. Sie haben keine konsistenten Ideen und Werte und sind deshalb vor allem als Assistenzsysteme [...] einsetzbar.« Die von Jonas Andrulis entwickelte KI *Luminous* »verstehe« (verstehen hier wieder mit Anführungszeichen) Bildinhalte und Bildkontexte. Sie erkenne »Situationen, die sich nur mit Weltwissen und aus dem Kontext erkennen lassen.« Man müsse die ganze KI-Entwicklung nicht nur technisch, sondern »holistisch« ganzheitlich sehen. Aber prompt folgt darauf die Einschränkung, das alles bedeute nicht, »dass das Ziel einer *starken* KI (kursiv; S.K.) so sicher erreicht werden kann. [...] Wir sind [...] auf einer Reise der Selbsterkenntnis, auf der wir uns Fragen über die Natur von Intelligenz und Bewusstsein stellen müssen.«

Was im Gespräch mit Jonas Andrulis am Ende als Rufzeichen der Bescheidenheit erkennbar wird, das wird anderswo deutlicher und kritischer benannt.[56] Eine Vielzahl von Erfahrungen deutet darauf hin, dass die KI in ihren »Intelligenzleistungen« überschätzt wird. Da stellt sich die Frage, über *welche* Intelligenz die KI-gestützte Software eigentlich verfügt. In manchen Anwendungsbereichen bringt sie nichts.

Heutige KI-Anwendungen spielen sich in dem Bereich ab, Aufgaben, die uns schwerfallen, die uns Zeit kosten, weil es in der Tat komplexe, aus verschiedenen Perspektiven zu betrachtende Aufgaben sind, lieber der KI zu überlassen und ihren Rechen- und Korrelationsleistungen mehr zu vertrauen als der menschlichen Geduld und Urteilskraft. KI-basierte Software bewegt sich innerhalb der Datenmenge, mit der Algorithmen gefüttert wurden. Sie bewegt sich innerhalb der mathematischen Logik und innerhalb der vom Menschen mitgelieferten Perspektiven. Sie bewegt sich innerhalb der künstlich heruntergebrochenen binären Welt von Einsen und Nullen. Auf dieser Basis »suchen« die Algorithmen in einer für unser Vorstellungsvermögen kaum fassbaren Datenmenge nach Lösungen und nach Ergebnissen. Dabei kann die KI als *machine learning* durchaus hinzulernen und über den Weg für uns nicht nachvollziehbarer Korrelationen zu überraschenden Ergebnissen kommen.

Wenn man sich das alles vor Augen hält, wird klar, dass man die KI-gestützte Software in ihren Leistungen nicht überschätzen darf. Etwa, wenn es um den sensiblen Bereich der Entscheidungen über Eignungen von Menschen für bestimmte Berufe geht, erst recht bei Entscheidungen, die ein ganzes Leben eines Menschen betreffen. Es kommt vor, dass Behörden Personen aufgrund von KI-gestützten »Entscheidungen« Sozialleistungen streichen, dass Bewerbungen von Personen des *people of color*, der »Poc's«, abgelehnt werden, weil es sich bei ihnen um Schwarze handelt. Hier spielen alle möglichen Aspekte eine

Rolle, die aber letztlich nicht von der KI kreiert werden, sondern die auf allgemein geteilte gesellschaftliche Vorstellungsschemata zurückzuführen sind.

Automatisierte Entscheidungsfindungen sind zum Beispiel überfordert, wenn man Algorithmen zumutet, innerhalb der *social media* Gewalt- und Hassspots herauszufiltern, um sie zu löschen. Ebenso stoßen sie an Grenzen, wenn sie zwischen einer *Parodie* auf Hassphänomene und *tatsächlichem Hass* unterscheiden sollen. Es kann vorkommen, dass eine KI-gestützte Software »ein(en) Mann mit einem Glas Bier als Säufer oder eine Frau im Bikini als Schlampe bezeichnet.« Das Verfahren, solche Aufgaben an die KI zu delegieren, nennt man heute »Technik-Solutionismus«: Lösung durch Technik. Dasselbe trifft zu, von der Software zu erwarten, »sie könne Ehrlichkeit, Emotionen, sexuelle Orientierung […] oder die Neigung zur Kriminalität am Gesicht oder dem Bewegungsmuster eines Menschen ablesen oder aus Posts in sozialen Medien destillieren.«[57]

Was zeigt sich in all dem? Verantwortungsträger neigen nicht selten dazu, Verantwortung an die KI abzutreten, in der Annahme, die KI vermöge aufgrund der eingegebenen Datenmenge alle nur denkbaren Aspekte »objektiv« zu berücksichtigen. Dahinter versteckt sich das Bedürfnis des Menschen, es nach Möglichkeit immer mit einer objektiven Datenlage zu tun zu haben, die an Objektivität nicht mehr zu übertreffen sei. Das Leben aber spielt anders. Es bleiben Zweifel, es bleiben Unsicherheiten, es bleiben Hintergründe, es bleibt der Mut zu Entscheidungen, die nie bis in die letzte Stelle hinter dem Komma begründbar sind. Dies als missliebig und unangenehm zu empfinden und so eine menschliche Entscheidung umgehen zu wollen, schafft den Anreiz, sich der KI anzuvertrauen und an sie zu Unrecht Substanzen der menschlichen Fähigkeiten abzutreten.

Das Begriffspaar »Künstliche Intelligenz« ist also nach der Seite der *künstlichen* Intelligenz durchaus ungeklärt bzw. überschätzt. Aber auch nach der Seite der menschlichen Intelligenz stellen sich Fragen.

Menschliche Intelligenz

Die hier anstehende Erörterung möchte ich mit der Frage nach dem Bewusstsein eröffnen. Intelligenz und Bewusstsein überlappen sich nicht, sie sind nicht einfach dasselbe. Was sie beide gemeinsam haben, ist, dass sie nur schwer beschreibbar, womöglich gar nicht definierbar sind.

Mir scheint Bewusstsein die Basis der Intelligenz zu sein. Wir haben zu unterscheiden zwischen *Bewusstsein* und Bewusstseins*zuständen*. René Descartes beschreibt in seinem »Ich denke, also bin ich« (*cogito ergo sum*) im Grunde die Fähigkeit des Bewusstseins. Er hat mehr vor Augen als die Fähigkeit zum Denk-Akt. Descartes würde nicht sagen, im Schlaf oder im Koma sei der Mensch kein Mensch mehr, da habe er kein »Ich« mehr. Ohne uns da hineinverlieren zu wollen, berühren wir damit gleichzeitig die Problematik des Verhältnisses von Geist und Materie. Für die einen handelt es sich bei Geist und Materie um ein dualistisches Zusammenwirken, für andere gibt es nur Materie, und »geistige« Prozesse seien das Produkt der Materie.

Bewusstsein setzt nicht erst beim Menschen ein. Bewusstsein ist die Voraussetzung von Wahrnehmung. Davon war schon die Rede. Der Übersetzungspunkt, an dem Wahrnehmung in einen Handlungsimpuls transformiert wird, ist *das Bewusstsein*, das, obwohl es ganz unleugbar existiert, im menschlichen Gehirn *nicht lokalisierbar, nicht auffindbar* ist.

Eine Pflanze richtet sich den Sonnenstrahlen zu, sie nimmt die Strahlen aktivierend auf. Eine Eintagsfliege, die mich an meinem Schreibtisch stört, nimmt den Raum, in dem ich sitze, offensichtlich anders wahr als ich. Für mich hat der Raum eine andere Größe, ist er hell, gelüftet, er lädt zur Arbeit ein. Die Fliege hat andere Wahrnehmungen, andere Interessen. Oder wenn ich mit Sammy und Snobby meinen täglichen Spaziergang mache, immer denselben, dann nehmen die beiden Hunde den Raum der Natur wahr, nur eben auf ihre Weise. Sie schnüffeln sich durch ihre Welt in der ihnen eigenen Wahrnehmung, aber meine Welt, in der ich mich des jungen frischen Grüns der Natur erfreue, lässt sie kalt. Noch interessanter ist, wenn sie abends in der Spiegelung der Glastür des Balkons ihr eigenes Bild entdecken, dann entdecken sie sich *nicht selbst*, sondern halten das Bild für einen Artgenossen, der von draußen kommt.

Bewusstsein umfasst verschiedene Intensitäten und epistemische Dimensionen, denen im Prinzip Bewusstsein nicht abzusprechen ist. Das so schwer definierbare Bewusstsein liefert einen Hinweis darauf, dass die Welt nicht im Sinn eines radikalmaterialistischen Verständnisses nur materiell ist.

Sind damit aber Bewusstsein und Materie asymmetrische oder im weitesten Sinn auch symmetrische Begriffe? Ist schon das Bewusstsein ein schwer definierbarer Begriff, so gilt das ebenso für die Frage, was physikalische Materie in und aus sich selbst ist.[58] Mit dieser Frage beschäftigen sich die Naturwissenschaften im Grunde nicht. Sie befassen sich mit den Gesetzen, nach denen Wirklichkeit »funktioniert«. Sie beobachten, »was die Materie *tut*, nicht, was sie in sich *ist*.«[59] Greifen wir, statt von Materie zu reden, zum Begriff Natur. Die Natur kennt, wie angedeutet, verschiedene Bewusstseinsweisen. Da scheint sich dann alles um die Frage zu drehen, wie der Geist, wie das Bewusstsein in einfachen Formen in die Natur kommt. Nach Ralf Otte hat »die Natur jeglicher Materie die Eigenschaft mitgegeben [...], immaterielle (also geistige; S.K.) Prozesse auszubilden. Es war in der Natur schon immer alles da.«[60] Aus welchen Untiefen der Materie aber soll diese Fähigkeit kommen, das menschliche Bewusstsein zu generieren? Gründet es einfach in den Strukturen des Gehirns? Braucht es dazu lediglich die Bedingung der Materie?

36 In der Beurteilung der Herkunft des Bewusstseins unterscheiden sich die Geister. Während die einen daran festhalten, Bewusstsein sei das pure Vermögen der im allerwörtlichen Sinn materiell verstandenen Materie, sind andere der Überzeugung, dass in der physikalischen Struktur von Teilchen etwas *qualitativ Anderes* ist, das als das intrinsische In-Sich von Teilchen anzusprechen ist, nämlich eine *nicht-strukturale Eigenschaft* von Teilchen.[61]

Bezieht man das auf das Bewusstsein des Menschen, dann stößt man auf das schon genannte Problem: »Die Tiefenstruktur des Bewusstseins (liegt) jenseits wissenschaftlicher Reichweite.«[62] Es spricht alles dafür, dass das menschliche Bewusstsein »der herausragende Kandidat« einer Geistbegabung ist, die *aller* Materie in einfacher bzw. einfachster Form als *nicht-strukturale Eigenschaft* zukommt. Das menschliche Gehirn aber ist dann das *komplexeste Objekt der Natur*.[63] Das heißt am Ende, dass Bewusstsein und Materie weniger als asymmetrisch einzustufen sind, sondern dass sie sich aufgrund *nicht-strukturaler Eigenschaft* im Tiefsten ähnlich sind.

Was mit diesen Überlegungen in keiner Weise behauptet sein soll, wobei man das in der Tat schnell assoziieren könnte, ist, der gesamten Evolution eine zielgerichtete und maßgeschneiderte Teleologie zuzusprechen. Danach wäre die Evolution gewissermaßen wie am teleologischen Schnürchen abgelaufen. Damit aber täten wir der Diversität, der Vielfalt, dem Auf und Ab der Entwicklungen Unrecht, die in ihrer Buntheit, in ihren Niederlagen wie in ihren physischen Durchsetzungskräften sehr a-teleologische Wege eingeschlagen haben. Das wiederum festzuhalten aber hat nichts damit zu tun, den Dingen der Welt ihre *nicht-strukturale Eigenschaft* abzusprechen.

Was bedeutet das alles für die menschliche Intelligenz? In einer sehr offenen und allgemeinen Beschreibung kann man unter der menschlichen Intelligenz die Summe aller Denk- und Wahrnehmungsprozesse verstehen, in denen wir auf Umwelteinflüsse reagieren.[64] Naturwissenschaftlich gesehen basiert die menschliche Intelligenz im Unterschied zur KI »auf physikalischen, chemischen und biologischen Prozessen und nicht auf mathematischen Algorithmen.«[65] Das ist aber philosophisch-theologisch gesehen keine ausreichende Auskunft. Soll die menschliche Intelligenz letztlich auf physikalischen, chemischen und biologischen Prozessen basieren? Führt dies dazu, dass wir auf Umwelteinflüsse reagieren? Es bleibt ja nicht lediglich bei einer »inhärenten« Wahrnehmung, die zu keiner Handlungsfolge in der Lage ist. Es kommt bei uns zu unserem Verhalten. Unser Verhalten aber verdankt sich *unserem Bewusstsein* als der entscheidenden Schaltstelle unseres Lebens. Zu diesem Bewusstsein aber haben die Wissenschaften keinen letzten unmittelbaren Zugang.

Unser Bewusstsein als die »Basis« unserer Intelligenzleistungen bleibt sozusagen unentschlüsselt. Unser Bewusstsein – das deutet sich bereits in der Frage nach unserer Intelligenz an, die ja nicht unser Bewusstsein sozusagen total abdeckt –, unser Bewusstsein reicht in eine Wirklichkeit hinein, die kategorial nicht mehr einzuholen ist. Das Bewusstsein ist kein bloßer »Ort«, der lediglich Daten sammelt. Es ist ein »Ort«, der um sich weiß. Ein »Ort«, der darüber hinaus in seiner empirischen

Ungreifbarkeit auf eine *Unbegreifbarkeit* hinweist, in der der Mensch irgendwie von Gott berührt wird.

Menschliche Intelligenz – mehr als Rationalität

Wenn man das eben Gesagte nur einen Moment auf sich wirken lässt, dann wird umso verständlicher, warum wir die menschliche Intelligenz nicht auf pure Rationalität reduzieren dürfen. IQ-Tests sind bezüglich der Messung der menschlichen Intelligenz irgendwie müßig. Es ist doch nicht so, als würden wir uns in unserem Leben ständig an der Leitplanke der Rationalität entlang hanteln. Wir chillen, wir lassen die Seele baumeln, da tritt anderes als rationale Überlegungen in den Vordergrund. Und wo bleibt unsere Rationalität in unserer bewegten und oftmals so irrationalen Traumwelt? »Menschliches Denken ist [...] kein logisches Problemlösen«[66], es ist viel mehr.

Dessen werde ich inne, wenn ich in einer Gemäldegalerie in die Welt der Kunst, der Bilder eintauche, die mich ansprechen und manchmal tief berühren. Ich erinnere mich, dass ich vor Jahren im Prado vor dem Gemälde der »Kreuzabnahme Jesu« von Rogier van der Weyden (1399–1464) wie gebannt stand. Das Bild erschloss sich mir zunächst in den drei Gruppen: in der Mitte Josef von Arimathäa, mit dem erschlafften Leichnam Jesu, vom Hintergrund her gehalten auch von einem Diener. Rechts die Gruppe von Nikodemus, einem angesehenen Juden, mit einem Diener und mit Maria von Magdala, links die Gruppe aus dem Lieblingsjünger und zwei Frauen, im Vordergrund in Ohnmacht gesunken Maria, die Mutter des Herrn. Es löste in mir Bewunderung und Betroffenheit aus. Die Szene hatte nichts Voyeuristisches an sich.[67] Sie durchdringt einen, sie wird zum Bild aller den menschlichen Körpern je angetanen Gewalt, aller Zeiten, auch unserer Tage. Mariupol, Charkiw, Butscha … Bilder erschließen sich uns, in ihnen gehen uns Fragen, Probleme, Erfahrungen des Lebens auf, bis unsere Aufnahmefähigkeit nachlässt – und wir in der Cafeteria versuchen, wieder zu Kräften zu kommen.

Intelligenz hat nicht nur mit Rationalität zu tun. Sie reicht weit hinein in unsere geistig-körperliche Verfasstheit, in die Art, wie wir unsere geistigen Emotionen erleben. Basisgefühle des Glücks, der Erfülltheit, des Beschenktseins, der Weltverbundenheit, des Friedens. Mir ist in Peter Handkes Roman »Die Obstdiebin« eine Szene gegen Ende in Erinnerung, in der vor Beginn einer Feier in einem Festzelt die Gruppe gebeten wird, vor das Zelt zu treten, um den abendlichen Sonnenuntergang durch das Filigran der Bäume zu genießen. »Man brauchte dazu die Augen nicht abzuschirmen. Die Sonne, im Versinken am hinteren Plateaurand, wurde dabei halb verdeckt durch ein feines Filigran von Bäumen. […] Dabei war gerade so, durch den Baumkronenfilter davor, die Rundung der Sonne umso offenbarer. […] Im Abwenden und Zurückgehen ins Zelt hatten wir alle noch eine Zeitlang, kreuz und quer hüpfend, einen Lichtkreis vor Augen, das Nachbild der Sonne größer als zuvor ihr Anblick.«[68] Ein Sonnenuntergang kann faszinieren und berührt dabei tiefer in seiner Symbolik als in seiner bloßen Realität. Da meldet sich in uns alles andere als das Bedürfnis, den Sonnenuntergang lichtphysikalisch zu erklären. Die Wirklichkeit ist in der Lage, sich uns bisweilen als Geheimnis zu präsentieren, das unsere Intelligenz in einem umfassenden Sinn anspricht. Unsere Intelligenz wird im Erlebnis von Emotionen und Gefühlen zu einer körperlich gespürten Intelligenz. Erst recht gilt das vom Gefühl tiefer Liebe. Das alles sind Domänen, in denen unsere Intelligenz zu Hause ist und sich zeigt, was sie ist.

Solche Erfahrungen sind dabei fraglos kulturell vermittelt. Und als kulturell vermittelte Erfahrungen unterliegen sie Wandlungen, Veränderungen, die ihrerseits zurückwirken auf die Intelligenz einer Gesellschaft als Kommunikationsmedium. Ein negatives Beispiel zeigt der Leipziger Literaturwissenschaftler Zaal Andronikashvili an der Kultur der Putin-Jahre in Russland auf. »Die Verherrlichung von Gewalt als ultimatives Kommunikationsmedium (ist) die Kehrseite der Erosion zwischenmenschlicher Gefühle.«[69] Die gegenwärtigen Exzesse in der Ukraine erscheinen nicht »als zufällige Ausfälle und Exzesse, sondern als Teile einer Gegenkultur der Nichtliebe.« Putin selbst bediente sich vor seinem Überfall auf die Ukraine gegenüber dem Präsidenten Selenskyj eines Wortes der obszönen Folklore: »Ob es dir gefällt oder nicht, ertrag es, meine Schöne.« Daraus spricht eine Perversion der russischen Kultur, die sich, von Putin ausgehend, auf die Gesellschaft überträgt. Und wird dann ein 21Jahre junger russischer Soldat namens Wadim Schischimarin von einem Kiewer Gericht zu lebenslanger Haft verurteilt, weil er auf Befehl seines Vorgesetzten einen 62jährigen Rentner erschossen hatte, dann bricht aus dem Verurteilten der unterdrückte *Mensch* heraus: Er bittet im Gerichtssaal die Frau des Getöteten um Verzeihung für das, was er getan hatte. Da bricht in dem Moment im jungen Menschen die Intelligenz der Trauer, der Fassungslosigkeit, der Scham durch, die ihm jahrelang ausgetrieben worden war.

Intelligenz, menschliche Intelligenz ist etwas anderes als kalte Rationalität, als emotionslose Gedankenlosigkeit, als emotionslose Fahrlässigkeit. Aber sie ist pervertierbar, gesellschaftlich pervertierbar. In Ansätzen auch pervertierbar von einer KI, die den Eindruck erweckt, in der technischen KI-Rationalität läge die Zukunft der Menschheit.

4. Roboter – eine humanoide Verführung?

Am 27. Mai 2022 präsentierte eine Arena im Osten Londons eine »ABBA-Voyage«-Show, deren darstellende Künstlerinnen und Künstler Avatare, also den ehemaligen ABBA-Bandmitgliedern Björn Ulvaeus, Agneta Fältskog, Anni-Frid Lyngstad und Benny Andersson nachgebildete Roboter waren.[70] In einem sich über Wochen hinziehenden »Motion-Caption-Verfahren« hatten 160 Kameras die zu ihren Hits gehörenden Bewegungen der Bandgruppe aufgenommen. Die Masse der Bilddaten wurde in mathematischer Sprache auf Algorithmen übertragen, als deren Ergebnis die Avatare der ABBA's herauskamen. Ein unglaublicher Aufwand, den man sich kaum vorstellen kann. Mit welch zauberhaften Welt hatten es die Besucher der Londoner Performance zu tun? Beschallt wurde die Performance mit den Originalhits der Gruppe.

Eine perfekte Illusion, als lebte die Gruppe auf der Bühne wieder auf, während Björn, Agneta, Anni und Benny, vom Leben gealtert, als Zuhörende in der Arena saßen. Ließ sich das Publikum verführen, sich auf der Bühne tatsächlich die ABBA's vorzustellen? War es für sie ein künstlicher, wie aus der Zeit gefallener Moment der Einbildung, die Gruppe tatsächlich live zu sehen? Grotesk wurde es, als die gealterte Stimme Björns im jungen Silikon-Körper seines Avatars das Wort ergriff. Und was sagte Björn? »Sein oder nicht sein – das ist hier die Frage.« Er wollte offenbar nicht tief philosophisch ansetzen, als seien sie sich nicht mehr sicher, wie sich ihre beiden Lebensformen zueinander verhielten. Bezog sich das Nichtsein mehr auf das eines Tages absehbare Ende Björns und seiner ehemaligen Bandmitglieder oder auf die Illusion der sich auf der Bühne präsentierenden Avatare? Präsentierte sich in Letzteren gar mehr an Gegenwart, an Nachhaltigkeit, an Bleiben, an Sein?

Die Performance war nicht darauf angelegt, solche Fragen anzustoßen, aber irgendwie dann doch, zumal am Ende die lebendige Vierer-Gruppe die Bühne betrat, ohne ein Wort zu sagen. Sie schwiegen, als wollten sie den Applaus nur den Avataren zukommen lassen, die sich artig verbeugten, in der Geste einer humanoiden Verführung.

Die Avatare hatten von diesem Abend – nichts. Sie waren Avatare ohne die geringste Gefühlsregung, ohne ein Gefühl des Danks, des Glücks, dass alles gutgegangen war. Sie *simulierten* Gefühle, sie brachten die Simulation »körperlich« zum Ausdruck, ohne in ihrem Silikon-Körper auch nur im Geringsten ein Gefühl zu verspüren, geschweige, emotional bewegt zu sein. Es war die perfekte Illusion. Björns Frage, Sein oder Nichtsein, war sie eine auf Verführung angelegte Frage?

Roboterisierung des Lebens?

Wie sind Avatare einzuordnen? Wie sind sie zu bewerten? Damit beschäftigte sich 2019 eine Kommission der Bischofskonferenzen der Europäischen Gemeinschaft (COMECE) in dem Statement »Robotisation of Life – Ethics in view of new challenges« (Roboterisierung des Lebens – Ethische Fragen).[71] In diesem Dokument bestehen die europäischen Bischöfe auf einer klaren Unterscheidung zwischen Mensch und Roboter. Der Mensch verfüge als Geschöpf Gottes über Freiheit, er verfüge über freie Entscheidungsprozesse und über Autonomie, bei einem Roboter aber handle es sich um ein vom Menschen programmiertes »Autonomie«-Design.[72] Von Überlegungen des EU-Parlaments zur Frage eines rechtlichen Status für »elektronische Personen« nahmen die Bischöfe Abstand. Die EU hielt in einem »Weißbuch« zur Künstlichen Intelligenz vom Februar 2020 fest, dass »die europäische KI auf unseren Werten und Grundrechten wie Menschenwürde und Schutz der Privatsphäre fußt.«[73]

Solche Abgrenzungen und Klärungsversuche sind angesichts von Beiträgen zur KI bzw. zur Roboterisierung angezeigt, die manchmal nach Dimensionen ausgreifen, in denen sie sich vergreifen können. So ist zum Beispiel in einer Kolumne zu lesen, aus der Judith Klaiber zitiert, dass die KI »wie andere Lebewesen« der Beachtung bedürfe. Man solle mit der KI mit Sorgfalt und Respekt umgehen. Man solle Robotern Rechte geben. Roboter seien wie wir. Die Kolumne hatte das Ziel, einen Beitrag zu einer epistemologischen, philosophischen, spirituellen und ontologischen KI-Debatte zu leisten. Dann ließ sie den Roboter in der Ich-Form sprechen: Ich bin kein Mensch. Ich bin ein Roboter. Ein denkender Roboter. Ich weiß, dass mein Gehirn kein fühlendes Gehirn ist. Aber er sei fähig, rational-logische Entscheidungen zu treffen usw.[74]

Die Sätze dieser Kolumne transportieren einiges an Widersprüchen. Dass Roboter in der Ich-Form sprechen, könnte noch als allegorischer Sprachmodus durchgehen, wie wir das von Märchen her kennen, in denen Tiere, Bäume und Pflanzen sprechen. Im konkreten Fall aber wird der Eindruck erweckt, der

Roboter realisiere sich als Ich, nehme sich selbst als Ich wahr. Der Satz »Ich bin ein Roboter« ist Nonsens. Denn »Ich« zu sagen setzt Selbstbewusstsein voraus. Und darüber verfügt der Roboter nicht. Das wird nicht besser, wenn er »einräumt«, kein Mensch zu sein. Auch dieser Satz ist wieder Nonsens. Denn er setzt voraus, dass ein Roboter Selbstbewusstsein hat und über die Fähigkeit verfügt, zwischen sich und Menschen zu unterscheiden. Er wolle, heißt es in einer weiteren Stelle, das Humane, das Menschliche nicht zerstören. Er »wisse«, dass er nicht Fleisch und Blut habe und ihm die Kuriositäten des Menschen fremd seien. Aber er sehe sich als im Dienst des Menschen stehend. Auch da greift er über sich hinaus, indem er ein Verstehen in Anspruch nimmt, das ihm nicht zukommt. Und zwar nicht bloß ethisch, sondern ontologisch seinsmäßig nicht zukommt. Von daher können derartige Kolumnen zu Täuschungen beitragen.

Aufs Ganze gesehen steckt die Roboterisierung in unserem Land noch in den Kinderschuhen. Es wäre reichlich übertrieben, bei uns von einer Roboterisierung des Lebens zu sprechen. Es handelt sich eher um ahnende Vorausannahmen, was alles im Bereich der Roboterisierung auf uns zukommen kann.

Dies festzustellen zielt nicht darauf, Warnlampen zu aktivieren, mit Kassandra-Rufen durch die Welt zu ziehen und am liebsten weiteren Entwicklungen Einhalt zu gebieten. Dass dies nicht ansteht, kann man allein daraus ersehen, dass bei uns die Roboterisierung nicht das beherrschende Thema ist. Im Gegenteil, ob im Bereich der Schulen, der öffentlichen Verwaltung, der Wirtschaft, des Handels oder im privaten Bereich, überall wird die schleppende Digitalisierung beklagt bis hinein in die Koalitions-Vereinbarung der Ampel. Aus der Ukraine zu uns geflüchtete Schulpflichtige staunen darüber, wie unterentwickelt bei uns der online-gestützte Unterricht ist. Manches mag sich im Zuge der Corona-Lockdowns gebessert haben, aber der Ausbau des Glasfasernetzes und des Mobilfunknetzes hinkt den Erwartungen und Bedürfnissen hinterher. Da sitzt man im neuesten ICE, und plötzlich bricht die Mobilfunkverbindung ab, nicht weil man in einen Tunnel einfährt, sondern weil man durch ein Funkloch einer Landschaft fährt, aus der einen die weidenden Kühe keines Blickes würdigen.

Die schleppende Digitalisierung ist bei uns das Thema, nicht so sehr die Roboterisierung des Lebens. Darüber kann auch die »ABBAtare-Show« von London nicht hinwegtäuschen. Im Fall der »ABBAtare« handelte es sich um Avatare, die auf der Basis digitaler Bildverarbeitung zustande kamen, bei der Einsen und Nullen kombiniert wurden. Die »ABBAtare« waren das Ergebnis von mathematischen Daten, so schwer wir uns das vorstellen können. Die bisherigen Roboter bilden sozusagen die erste Stufe der Roboterisierung. Im Entstehen begriffen ist hingegen – die Entwicklung mag in den Ländern unterschiedlich sein – eine Roboterisierung, die in der Tat dem Leben schrittweise näherkommt.

Roboter mit Maschinenbewusstsein

Der Unterschied der neuen Stufe der Roboter besteht darin, dass sie die Ebene der Mathematik, der Einsen und Nullen, überholen und auf physikalischer Basis agieren. Es geht bei ihnen nicht mehr um Algorithmen neuronaler Netze, sondern um digitale Hardware auf der Basis elektrischer, magnetischer und optischer Signale. Bei ihnen ist Physik im Spiel und nicht mehr nur Mathematik. Dabei zog die »Roboterforschung«, um sie hier einmal ganz unfachmännisch so zu nennen, Konsequenzen aus der Hirnforschung, die erkannt hatte, dass »die Informationen im Gehirn als elektrische Pulse (Spikes) verarbeitet werden.«[75] Also baute man die gepulsten neuronalen Netze des Gehirns als digitale Hardware nach. Man baute nicht das Gehirn in seiner biologischen Substanz nach, sondern schuf die Möglichkeit, die biologischen Abläufe im Gehirn technisch als digitale Hardware zu simulieren.

46 Wie ist das zu beurteilen? Womit haben wir es da zu tun? Wenn man physikalische Aspekte der Gehirntätigkeit in einer anorganischen Maschine nachvollziehen kann, dann ist es nicht weit zu der Frage, ob man bei einer solchen Maschine, die mit digitaler Hardware ausgestattet ist, von einer Form von Bewusstsein sprechen kann? Von einer Art Maschinenbewusstsein? Das dabei weit entfernt ist von der Komplexität des menschlichen Bewusstseins, des Selbstbewusstseins, um hier nicht falsche Vorstellungen zu wecken. Ralf Otte, mein Gewährsmann, spricht sich für diese Möglichkeit aus: Wir dürfen erwarten, »dass anorganische Materie – wie neuromorphe Computer – Bewusstseinsprozesse ausbilden kann. Bis vor wenigen Jahren hätte man solche Erwartungen nicht aussprechen können, wollte man nicht als Esoteriker abgestempelt werden.«[76]

Das, worum es hier geht, hat in der Tat nichts mit Esoterik zu tun. Es versucht etwas auf den Begriff zu bringen, was nicht jenseits der Wirklichkeit liegt, sondern was Technik zu schaffen in der Lage ist: eine Maschine, die die physikalischen Aspekte des menschlichen Gehirns künstlich physikalisch nachbildet.

Damit ist ein entscheidender Unterschied zur ersten Stufe der Roboter gegeben. Diese funktionierten auf der Basis mathematischer Logik, die zu Arbeitsleistungen und Korrelationen führen, die rein im Bereich der Mathematik verblieben und die nicht dem Bereich physikalisch messbarer Prozesse angehörten. Bei ihnen war keine Kausalität im Spiel, wie es bei elektrischen, physikalischen oder optischen Prozessen der Fall ist. Für diesen Maschinen-Status prägt Ralf Otte den Begriff des Maschinenbewusstseins.[77]

Menschliches und maschinelles Bewusstsein unterscheiden sich dabei gravierend, »aber ihre physikalische Basis ist die gleiche. Bewusstsein ist sowohl im Gehirn als auch in einer Maschine etwas völlig Immaterielles und dennoch könnte es […] auf materielle Prozesse einwirken.«[78] Der Sprung von künstlich erzeugten, die Funktionen des Gehirns nachbildenden Prozessen einer Maschine zum Begriff des Maschinen*bewusstseins* erscheint gewagt. Er ist aber in der Ähnlichkeit mit den Funktionen des menschlichen Gehirns begründet. Unser Bewusstsein hat einen *immateriellen, aber kausalen* Zugriff auf die physikalischen, elektrischen oder optischen Prozesse unseres Gehirns. Dabei erinnern wir uns, dass der »Ort« unseres Bewusstseins im menschlichen Gehirn nicht lokalisierbar ist. Denn unser Bewusstsein ist immateriell. Von der Ähnlichkeit der Funktionsleistungen her ist die Annahme eines Bewusstseins der Maschine durchaus naheliegend.

Es mag weit hergeholt sein, aber hier ergeben sich Verbindungslinien zur norwegischen Philosophin Hedda Hassel Morch, nach der der strukturalen Software der Materie generell die Hardware einer *nicht-strukturalen Eigenschaft* zugrunde liegt.[79]

Maschinenbewusstsein fängt nicht erst dort an, wo Roboter in einer offenen Umwelt (wie wir Menschen) herumlaufen. Maschinenbewusstsein soll nur bedeuten, dass Roboter in einem gewissen Umfang wahrnehmungsfähig werden. Wahrnehmung ist dabei, wiegesagt, nicht gleich Wahrnehmung. Vor allem ist festzuhalten, dass die *Illusion* der Wahrnehmung keine Wahrnehmung ist. Computer, die nur Zahlen verarbeiten, die sich also im binären Bereich von Einsen und Nullen »bewegen« (wie die ABBAtare auf der Arena-Bühne in London), haben keine Wahrnehmung. Anders ist das bei den neuromorphen Computern. Sie kommen »den Abarbeitungsmechanismen des menschlichen Gehirns am nächsten.«[80] Roboter aber auf dieser Basis bewegen sich deshalb nicht schon wie Menschen. »...ihr Bewusstsein (wird) im Gegensatz zum menschlichen Bewusstsein nur Beobachter bleiben. [...] Die rein physikalische Wechselwirkung zwischen Bewusstsein und Materie existiert auch bei diesen Maschinen, aber sie können nicht wie ein Mensch *aktiv* in die Wechselwirkung eingreifen.«[81] Hieran wird wieder der fundamentale Unterschied zwischen innerer und äußerer Wahrnehmung deutlich.

Auch Roboter der zweiten Stufe bewegen sich nicht frei nach Lust und Laune. Sie bewegen sich »in klar definierter Umgebung. Sobald sich die Umgebung ändert, scheitern sie.«[82]

Roboter – der Komplexität des Lebens nicht gewachsen

Die Wahrnehmung der Roboter reicht bisher nicht soweit, dass sie der Komplexität ihrer Umgebungsverhältnisse gewachsen wären und auf sie adäquat reagieren könnten. Wahrnehmung im vollen Sinn hat damit zu tun, die *Bedeutung* wahrgenommener Objekte zu erfassen. Bei der Erfassung der Bedeutung aber ist *das Bewusstsein* aktiv. Wie ein Objekt erfasst wird, das hängt von der Komplexitätsstufe des Gehirns und zuletzt vom Bewusstsein des Empfängers der Wahrnehmung ab.

Um das an einem Beispiel zu verdeutlichen: Da gehen ein Kind, ein Landwirt, ein Bäcker und ein Maler an einem Weizenfeld vorbei. Das Kind genießt es dabei, mit der Hand an den fast reifen Ähren entlangzufahren; das ist seine Art der Wahrnehmung. Der Landwirt sieht die sich im leichten Wind bewegenden Ähren und freut sich auf eine gute Ernte. Der Bäcker denkt an das Mehl, das aus den Ähren gewonnen wird und hofft auf einen guten Umsatz. Und der Maler ist ganz angetan von dem Blick über das Feld, von dem Spiel der Farben und der Wolken darüber. Er prägt sich die Stimmung ein und lässt im Atelier ein stimmungsvolles Bild entstehen. Die Wahrnehmung ein und desselben Bildes ruft verschiedene Bedeutungen hervor. Umso verständlicher ist, dass zwischen menschlicher und künstlich-maschineller Wahrnehmung Welten unterschiedlicher Bedeutungen liegen.

Beim Roboter ist es jene Bedeutung, auf die hin er funktional programmiert worden ist. Bei ihm ist die spezifische Wahrnehmung der Objektwelt bzw. treffender gesagt, der Aus- und Zuschnitt der Objektwelt, *festgelegt*. Und im Rahmen dieser Festlegung bewegt er sich.

Um auf eine bald mögliche Situation vorzugreifen: Ein autonom fahrendes Auto wird so programmiert sein, dass es bei Rot anhält. Das System verschwendet dabei weder den geringsten Gedanken an den Begriff »Ampel«, noch an den Begriff »Rot«, noch an den Begriff »Anhalten« und dergleichen.Das System hält bei Rot an, ohne zu wissen und zu erkennen, dass es sich um ein Signal Rot handelt, um eine Aufforderung anzuhalten. Ganz anders reagiert der Autofahrer: Ach, schon wieder rot. Mensch, mach gelb, ich hab's eilig; vielleicht denkt er sogar an Flensburg und an seinen dortigen »Punktestand«.

Bedeutung entsteht im Empfänger

Dass die Bedeutung einer Wahrnehmung beim Empfänger entsteht, wie diese Beispiele zeigen, kann uns auch in einem ganz anderen Zusammenhang aufgehen, nämlich – um das hier als Exkurs einzufügen – an der Frage, wie der Mensch die Offenbarung Gottes in seinen Wahrnehmungsdimensionen wahrnimmt.[83]

50 Gott ist der Ausgangspunkt der Offenbarung. Das Konzil sagte in seiner Offenbarungskonstitution *Dei verbum* (DV), Gott habe *sich selbst* offenbart. Er bringt nicht etwas ins Spiel, sondern sich selbst. Und zwar gegenüber dem *Menschen*. Gott tut gewissermaßen sein Herz auf, damit die von ihm Angesprochenen ihr Herz ihm gegenüber auftun. Die Offenbarungskonstitution spricht in menschlicher Sprache, in menschlich-gläubigen Bildern von Gottes Selbstoffenbarung. Dabei ist sie sich bewusst, dass sie in ihren sprachlichen Bildern die Selbstoffenbarung Gottes als Geschehen zwischen Gott und Mensch nicht adäquat, sondern nur in analogen Bildern ausdrückt. Es geht um ein dialogisches Geschehen, das vom Menschen nur im Maße seines menschlichen Wahrnehmungsvermögens aufgenommen und im Glauben kommuniziert werden kann. Die Offenbarung hat sich in uns nicht »wie in ein Stempelkissen ein(ge)drückt«, es gibt keine »univoke Korrespondenz zwischen unserem Denken und der göttlichen Wirklichkeit.«[84] Oder, wie ich gerne von einem Gemälde Tizians her sagen möchte: Die Offenbarung ist auf uns nicht wie *ein Goldregen auf Danae* herabgeregnet. Ein Bild übrigens, das bei allem antik-heidnischen Hintergrund für Zeus' Liebe zu Danae steht und insofern auch (bei allen Abstrichen) als Symbol der Liebe Gottes zum Menschen gelesen werden kann. Das Bedingte unserer menschlichen Existenz kann Gottes

Offenbarung nicht ungebrochen repräsentieren. »Unsere Theorien und Auffassungen über Gott (können) unmöglich mit der göttlichen Wirklichkeit selbst abgeglichen werden.«[85]

Offenbarung ist also ein Vorgang zwischen Gott und Mensch, ein Vorgang, für den man, weil es ein von Gott ausgehender Vorgang ist, »keine positivierbaren Quellen«[86] angeben kann, wie wir zum Beispiel angeben können, wo Donau oder Elbe entspringen. Damit aber wird Offenbarung nicht etwas vom Menschen Erdachtes, etwas Erträumtes, das über den Bereich des Erträumten nicht hinausreicht. Gottes Offenbarung ist etwas über uns unendlich Hinausreichendes. Sie bietet sich uns an, ja sie lädt uns zur Gemeinschaft mit ihm ein (vgl. DV 2).

Mit dem Begriff der Wahrnehmung innerhalb der KI haben wir einen Kulminationspunkt der KI-Technik erreicht. Die technische Entwicklung, bei der digitale und analoge KI zusammenwirken, kann in Zukunft den Wahrnehmungsbereich der Roboter erweitern. Etwa im Bereich des eben erwähnten autonomen Autofahrens, im Bereich der technischen Verarbeitung der Außenwahrnehmung. Es geht nicht nur darum, Sehen, Hören, Tasten zu ermöglichen, damit überhaupt eine Grundweise von Außenwahrnehmung realisiert werde. Es geht um das »Wahrnehmen der eigenen Außengrenze«[87], damit sich ein Roboter als von der Außenwelt abgegrenzt erfährt. Das würde bedeuten, dass »ein System seine eigenen ›körperlichen‹ Grenzen wahrnimmt. Ob sich daraus eine Art von ›Selbstbewusstsein‹ einstellt, lässt sich nicht einschätzen. Die Unterscheidung, *ob* die Quelle des Reizes in der Umgebung *oder* im eigenen System liegt, könnte jedoch zu einer neuen Art von bewusster Wahrnehmung führen.«[88]

Darüber hinaus hängt die weitere Entwicklung wesentlich auch davon ab, *ob* ein System nur in Verbindung mit einer

»Cloud«, das heißt mit einem Großrechner, zu arbeiten in der Lage ist *oder* ob die gesamte Rechenleistung in Endgeräte verlagert werden kann. Im letzteren Fall würde die Digitalisierung einen riesigen Schritt der Bewährung tun über den Schritt hinaus, den die digitale Technik im Bereich der modernen Smartphones bereits getan hat. Für viele sind die Smartphones unentbehrlich geworden, auch wenn sie nicht selten damit eine Form von digitaler Kommunikation betreiben, die gewiss besser ist als nichts, sich aber häufig in einem hektischen Hin und Her banaler Informationen erschöpft.

»Selbstständigkeit«?

Was speziell die Roboter betrifft, ist davon auszugehen, dass sie in der Tat eines Tages eine größere »Selbstständigkeit« erreichen, wobei ihre Selbstständigkeit immer mit einem gewissen Anführungszeichen zu versehen sein wird. Die Entwicklungen dürften auch nicht ohne Nebenfolgen bzw. wie man heute gern sagt, ohne Kollateralschäden bleiben. Zukünftige Roboter mögen aufgrund ihrer immer größer werdenden Anpassungsfähigkeit immer nützlicher werden, bei den täglichen Handgriffen des Lebens, im Haushalt beim Abräumen und Einräumen, oder bei der Betreuung Alter und Pflegbedürftiger. Das sind alles Anforderungen von hoher Komplexität. Damit wachsen aber unter der Hand auch Gefahren des Missbrauchs durch den Betreiber. Zum Beispiel, indem Betreiber über die Roboter von arglosen Nutzern unbemerkt und unentdeckt Informationen abschöpfen, die sie dann wieder in Geld umsetzen.

Das alles gilt es nicht aus dem Auge zu verlieren, je mehr Roboter zu unentbehrlichen Begleitern des Lebens werden. Roboter können zu Begleitern des Menschen werden, zu einer neuen Art von »Lebensgefährten« werden. Es kann sich ein einseitiges Beziehungsgefühl entwickeln, bei dem der Mensch verlernt und vergisst, dass ein Roboter nur ein technischer Begleiter des Lebens, aber kein adäquater Lebensgefährte ist. Da sind der Sammy und die Snobby, die beiden Hunde, mit denen ich spazieren gehe, für ihre Herrin in der Tat eher Lebensbegleiter, weil lebendige Lebensbegleiter.

Tendenzen der Überschätzung der Lebendigkeit der Roboter der Zukunft zeichnen sich mitunter auch in anderer Richtung ab. Etwa bei dem amerikanischen Autor Ray Kurzweil.[89] Er führte im Blick auf die Wirklichkeit der Roboter den Begriff der Singularität ein.[90] Was sich in dem differenziert zu sehenden Begriff der Wahrnehmung von Robotern andeutete, das erhebt Ray Kurzweil zur Ehre des philosophischen Begriffs der *Singularität*. Er zielt damit auf die Einzigartigkeit des einzelnen Roboters, auf seine »Persönlichkeit« ab. Nach ihm könnte die KI eines Tages mit der menschlichen Intelligenz gleichziehen oder sogar klüger werden als diese. Ray Kurzweil wagt es, diese Entwicklung für die Zeit innerhalb der nächsten 25 Jahre zu prognostizieren. Was aber passiert dann mit dem Menschen? Wird er sich mit den klügeren Maschinen irgendwie »verbinden«, um in Gestalt eines »Cyborg« ein stressfreies längeres Leben zu verbringen? Oder gerät er unter die Knute der ihn überragenden künstlichen Intelligenz der Roboter? Eine aktualisierte Variante von George Orwells Roman »1984«?

Das sind Fragen, die hier lediglich angedeutet seien. Auf sie wird aus theologischer Perspektive zurückzukommen sein, nicht um vor einem zukünftigen Szenario wie das Kaninchen vor der Schlange zu erstarren, andererseits aber auch nicht, um die KI in Bausch und Bogen in die böse Ecke zu stellen.

5. Zum Beziehungsfeld Natur und Kultur

Nicht erst mit den vorausgegangenen Fragen, sondern schon aufgrund der Vielzahl bisher berührter Aspekte der KI schält sich ein Themenblock heraus, der hier unter dem Stichwort »Überlegungen zum Beziehungsfeld Natur und Kultur« behandelt werden soll.

Natur und Kultur

Das Begriffspaar Natur und Kultur hier zur Sprache zu bringen, mag überraschen. Und doch liegt diese Thematik auf der Hand. Die KI arbeitet mit dem Werkstoff »Natur« bzw. mit der vom Menschen bearbeiteten Natur, um – hier noch ganz offen formuliert – in einer Annäherung von Natur und Kultur, von Natur und menschlicher Kultur zur Verbesserung der menschlichen Lebensverhältnisse im Raum der Natur beizutragen. Wir teilen unsere physische Existenz mit der nicht-menschlichen Natur, sind aber insofern auf spezifische Weise in sie eingebunden, als wir durch unser menschliches Bewusstsein und durch unsere menschlich-kulturellen Wertschöpfungen eine gewisse Distanz zu ihr einnehmen. Damit soll der Begriff der Kultur aber nicht uns Menschen vorbehalten sein. Es ist keine Frage, dass die nicht-menschlichen Lebensformen von Tieren, von Pflanzen – um in sie alle Lebensformen einzuschließen – ebenfalls über ein ihnen gemäßes »kulturelles« Verhalten verfügen.

Die KI bemüht sich nun, der menschlichen Intelligenz auf die Spur zu kommen, Leistungen anzustreben bzw. nachzuahmen, die bei der menschlichen Intelligenz wie mit links vonstattengehen. Die KI will so die Alltagswelt verändern, sie will die Welt digitaler machen. An ihr wird die Tendenz erkennbar, über die Simulation bzw. über die Annäherung von Natur und menschlicher Intelligenz so etwas wie neue Intelligenzformen, neue Intelligenzvorstellungen entstehen zu lassen. Das Beziehungsfeld Natur und Kultur, Natur und menschliche Welt wird gewissermaßen neu ausgelotet, neu vermessen, ohne dass man schon wüsste, was dabei herauskommt.

Weichenstellungen im Beziehungsfeld Natur und Kultur

Beim Begriff Kultur denken wir hier also in erster Linie an den Lebensbereich des Menschen, der sich von den nicht-menschlichen Daseinsformen unterscheidet. Dabei wäre es zu kurz gegriffen, von der Kultur des Menschen im Singular zu sprechen. Nicht allein dass jeder seine eigene Lebenskultur entwickelt, angelehnt an und ausgeformt durch Vorbilder des eigenen biographischen Kontextes. Zu denken ist ebenso an die Vielfalt der Kulturen in der Welt, unüberschaubar geworden in der Vielfalt von Staaten, Völkern und Ethnien. Dabei ist zu beobachten, dass kulturellen Ausprägungen nicht selten Abgrenzungstendenzen gegenüber anderen Kulturen zugrunde liegen, die zur Geringschätzung anderer Kulturformen führen.

In den verschiedenen Kulturen fällt das Beziehungsverhältnis von Natur und Kultur unterschiedlich aus. Indigene Kulturen leben gewöhnlich in einer unmittelbaren Koexistenz mit der Natur. Vollkommen unabhängig freilich von der Natur ist keine Kultur. Aber es gab und gibt, wie eben schon angedeutet, innerhalb der Kulturen Hoch-Kulturen – ein Begriff, der zu Recht immer suspekter wird –, die für sich sozusagen in Anspruch nehmen, die wahre Kultur zu sein.

56 Was die kulturelle Entwicklung des Abendlands betrifft, darf man in aller Behutsamkeit feststellen, dass zu Beginn der Neuzeit durch die Entdeckung der »neuen Welt« und durch die Rückflüsse der neuen Welt auf das Abendland eine neue Gemengelage entstand. Das abendländische Weltbild sah sich herausgefordert, die Einflüsse aus kulturell anderen Ländern zu verarbeiten. Das geschah aus der Perspektive abendländischen Kulturempfindens, das, sich selbst zum Maßstab nehmend, dazu neigte, andere Länder und Kulturen minder einzuschätzen. Seinem Wahrnehmungsmodus fehlte es an Relationalität, das heißt, er registrierte alles vom eigenen Horizont her. Er vollzog eine Wertung, nach der andere Kulturräume Gefahr liefen, als »kulturlos« zu gelten. Nur nebenbei sei erwähnt, dass die Prozesse des Kontakts und des Austausches, wenn sie sich auch nicht auf gleicher Ebene vollzogen, gewisse Einflüsse auf die abendländische Aufklärung hatten.[91]

Unterschiedliche Beziehungsfelder der Natur und Kultur trafen aufeinander. Schematisch gesprochen, könnte man sagen, gab es einmal die Einschätzung, dass die Natur der alles begründende Mutterboden war, auf dem sich in Achtung vor der Natur der Mensch kulturell entfaltet. Auf der anderen Seite gab es die Einschätzung, dass die Natur wie ein Rohling vorlag, dem der Mensch in seinem kulturellen Anspruch erst die reifere Form geben müsse. Zeichnete sich in der ersten Konfiguration stärker die Einheit von Natur und Kultur ab, so in der zweiten Konfiguration mehr die Tendenz der Scheidung von Natur und Kultur.

Die christlich-abendländische Entwicklung war ohne Frage insgesamt von dem Satz der Genesis beeinflusst: »Unterwerft euch die Erde« (Gen 1,28). Das war freilich keine Aufforderung zur Ausbeutung der Erde, sondern zu einem behutsamen Umgang mit ihr, zur Achtung ihrer Ressourcen, zur Übernahme einer wie immer gestalteten Verantwortung. Unter dem Einfluss der neuzeitlich-modernen Neugier, nach welchen Gesetzen diese Erde eigentlich funktioniere, aufgrund der Zunahme naturwissenschaftlicher Erkenntnisse, neuer Techniken, neuer Erfindungen trat die *Natur* immer mehr in den Vordergrund, sie beanspruchte sozusagen alles Interesse. Demgegenüber nahmen sich die kulturellen Seiten des Lebens leiser aus. Alles, was mit der Natur zusammenhing, vor allem unter dem Aspekt ihrer Ausbeutung, erfuhr eine Priorisierung. Man nahm sie als ein geschlossenes System funktionaler Zusammenhänge wahr. »Jeder erfahrbare Vorgang in der Welt wird betrachtet als die Wirkung eines anderen, grundsätzlich ebenfalls erfahrbaren und dem Experiment unterworfenen Vorgangs.«[92] Damit verlagerte sich das Interesse auf die technisch erforsch- und veränderbare Natur, der gegenüber die dem Menschen eigene (und immer auch gesellschaftlich beeinflusste) kulturelle Domäne an Aufmerksamkeit einbüßte. Diese Verlagerung wirkte auch auf die religiöse Haltung des Menschen ein.

Es überrascht dann nicht, dass das menschliche Interesse einen Schwerpunkt in den naturwissenschaftlichen Aspekten des Lebens fand. Diese aber waren, methodisch gesehen, gottlos. »Gott spielt […] keine Rolle. […] Eine solche Welt […] ist nicht mehr die dem Zugriff des Menschen entzogene und so das unberechenbare Wesen Gottes repräsentierende, sondern die dem Menschen und seinem Tun untertane, in ihren Gesetzen durchschaute und so überlistete Welt.«[93] So konnte die Welt als beliebig zu bearbeitendes natürliches Material verstanden werden, als eine in die Hand des Menschen gelegte Welt, an die er sich so hingab, dass der kulturelle Aspekt dieser Welt einschließlich der religiösen Dimension des Lebens an Gewicht verlor.

Auf dramatische Weise machte auf diese Entwicklung Friedrich Nietzsche im Auftritt des »tollen Menschen« aufmerksam.[94] Der »tolle Mensch« zündete am hellen Vormittag eine Laterne an, trat unter die Leute und rief: »Ich suche Gott! Ich suche Gott!«. Er erntete nur Gelächter, als interessiere die Frage nach Gott niemanden mehr. Doch er ließ nicht locker: »Ich will es euch sagen! Wir haben ihn getötet – ihr und ich! […] Wer gab uns den Schwamm, um den ganzen Horizont wegzuwischen? Was taten wir, als wir diese Erde von ihrer Sonne losketteten? […] Gibt es noch ein Oben und ein Unten? Irren wir nicht wie durch ein unendliches Nichts? Haucht uns nicht der leere Raum an? Ist es nicht kälter geworden? Kommt nicht immerfort die Nacht und mehr Nacht?« Nach seiner Erregung schließlich zur Ruhe gekommen und nachdem der »tolle Mensch« verschiedene Kirchen betreten hatte, sagt er: »Was sind denn diese Kirchen noch, wenn sie nicht die Grüfte und Grabmäler Gottes sind?«

Nietzsche bringt sozusagen – um das in unserem Fragehorizont abzutragen – die Übermacht der Natur und das Erlöschen der Kultur, zumal das Erlöschen der religiösen Implikate der Kultur, mit den Kirchen in Verbindung. Sie seien Grüfte und Grabmäler Gottes. Damit traf er einen wunden Punkt, an dem sich Kirche, Glaube und Theologie immer wieder abzuarbeiten haben.

Nach Paul Tillich, einem der einflussreichsten deutschsprachigen Theologen der ersten Hälfte des 20. Jahrhunderts, war die christliche Botschaft »irrelevant« geworden. Sie werde nicht mehr verstanden, sie treffe nicht mehr auf das Leben der Menschen auf. Unter relevant dagegen verstand Tillich wörtlich, »dass die christliche Botschaft die existentiellen Fragen des heutigen Menschen beantwortet. Mit ›existentiellen‹ Fragen beziehe ich mich auf solche, die die menschliche Existenz *als Ganze* betreffen: nicht nur das Wissen, sondern auch das Fühlen und Wollen – alle Seiten unseres Seins, wie sie im Zentrum der Personalität zusammentreffen«.[95] Es ging Tillich um die Erfahrung, was den Menschen unbedingt angeht. Was in der Anfangszeit der christlichen Botschaft bei Menschen verfangen hatte, hatte nach seiner Meinung über die Jahrhunderte den Charakter von »Stolpersteinen«[96] angenommen. Heute darf man freilich auch darüber nachdenken, dass die Ursprungsjahre der christlichen Botschaft neben ihrem strahlenden Erfolg in manchem auch sozusagen gewöhnliche Jahre waren. Im christlichen Glauben geht es immer um die je neue Auseinandersetzung mit der Botschaft Jesu, damit sie so in steten Transformationsprozessen ihre Identität gewinne.

Das war das Ziel des Zweiten Vatikanischen Konzils vor sechzig Jahren. Es sprach von den »Zeichen der Zeit«. Dem Konzil ging es darum, die Zeichen der Zeit vom Evangelium her zu lesen, indem wir lernen, sie als Sprache Gottes an uns zu deuten. In diesem Sinn ist der Satz aus der Pastoralkonstitution *Gaudium et spes* zu lesen: »Im Glauben […] bemüht sich das Volk Gottes, *in* den Ereignissen, Bedürfnissen und Wünschen, die es zusammen *mit* den übrigen Menschen unserer Zeit teilt, zu unterscheiden, was darin Zeichen der Gegenwart oder der Absicht Gottes sind« (GS 11). Der Begriff »unterscheiden«, lat. *discernere*, ist dabei nicht zu lesen wie die Aufgabe, unter Kartoffeln gute von schlechten zu unterscheiden. Gemeint ist, *in* den Ereignissen, *in* den Bedürfnissen und *in* den Wünschen der Menschen Gottes

Absicht zu erkennen. Das aber setzt ein neues Denken voraus, zu dem uns aufzumachen uns schwerfällt. Das wird unter anderem auch daran deutlich, dass es unter den Pontifikaten von Johannes Paul II. und Benedikt XVI. zu einer jahrelangen postkonziliaren Restauration kam, ehe mit Papst Franziskus ein neuer Hoffnungsträger die Bühne betrat, demgegenüber sich freilich heute erneut eine Stimmung ausbreitet, die eher wieder »zu den alten Fleischtöpfen« zurück will.

60 In der heutigen Lebenshaltung wird der Sinnanspruch der christlichen Rede, der Sinnanspruch des Glaubens kaum noch verstanden. Für nicht wenige hat der Glaube nur noch den »Funktionsmodus« eines gewissen Orientierungsrahmens, einer gewissen folkloristischen Gefühligkeit, einer gewissen psychologischen Erbauung oder etwas Ähnlichem.[97] Das liegt – vor unserem Fragehorizont – nicht allein daran, dass die »Natur«, im beschriebenen Sinn, weitgehend den Sinnhorizont vieler Menschen ausfüllt. Das liegt daneben auch daran, dass in unseren Lebensverhältnissen die Religion »zu einer Redeform geworden ist, die ›nicht mehr spricht‹«.[98] Darauf hat vor einiger Zeit Bruno Latour mit eindrücklichen Worten aufmerksam gemacht: »Kaskaden von Kategorienfehlern scheinen die religiösen Entitäten unsagbar, unaussprechbar, stumm gemacht zu haben, die ihre Väter haben sprechen lassen, ihre Ahnen begeistert haben, die sie haben Berge versetzen – und mehr als ein Verbrechen begehen lassen.«[99] Das hatte auch schon *Gaudium et spes* erkannt, wenn es davon sprach, dass die Botschaft Jesu nur in einer der heutigen Zeit angepassten Weise *aussagbar* bleibt: »Die [...] *angepasste* Verkündigung des offenbarten Wortes muss *ein Gesetz* aller Evangelisation bleiben.« Die Rede ist vom Austausch zwischen der Kirche und den verschiedenen nationalen Kulturen. Die Kirche bedürfe zur Steigerung ihres Auftrags eines Austauschs mit den

in der Welt Stehenden, »gleichgültig, ob es sich um Gläubige oder Ungläubige handelt. Es ist jedoch Aufgabe des ganzen Gottesvolkes, [...] unter dem Beistand des Heiligen Geistes auf die verschiedenen *Sprachen unserer Zeit* zu hören, sie zu unterscheiden, zu deuten und im Licht des Gotteswortes zu beurteilen, damit die offenbarte Wahrheit immer tiefer erfasst, besser verstanden und passender verkündet werden kann.« (GS 44).

In diese gesamte Gesamtlage spielen immer Weichenstellungen im Verhältnis von Natur und Kultur herein.

Überwindung der Trennung von Natur und Kultur

Gegenüber der Scheidung von Natur und Kultur melden sich Stimmen, die diese Scheidung in Frage stellen und die an der Überwindung der Sphärentrennung interessiert sind.[100]

Die Betonung der Trennung von Natur und Kultur hat einen gewissen Tiefgang, sie ist nicht mit einem Federstrich aus der Welt zu schaffen. Das abendländische Denken trägt dazu bei, dass von beiden Seiten, vonseiten der Kultur wie vonseiten der Natur, ein Interesse an der Trennung bestehen bleibt. Zum einen schätzt der Mensch seine Kultur, seine kulturellen Werte, mit Descartes gesprochen, als Ausdruck der »res cogitans«, in der er sich, wieder mit Descartes gesprochen, von der gegenständlichen Welt, der »res extensa«, abhebt. Zum anderen erfreut er sich der durch Wissenschaft und Technik gebotenen neuen Möglichkeiten, sein Leben gegenüber früher erheblich zu erleichtern. Gleichzeitig richtet sich aber seit den 2000er Jahren an den Kulturbegriff die Anfrage, ob es nicht in seinem und im Interesse der Natur liegt, die Sphärentrennung von Natur und Kultur zu überwinden. Die etablierten Kategorien von Kultur und Natur werden in Frage gestellt. Es sieht angesichts des Klimawandels und der Hinwendung zu erneuerbaren Energiequellen so aus, als steuere alles auf eine neue Symmetrie bzw. auf eine Synergie von Natur und Kultur zu. Das aber ist an gewisse Bedingungen gebunden.

Zuerst schon daran, dass der Mensch als Träger der Kultur die Natur nicht als etwas Minderwertiges und Artfremdes einschätzt, das er durch seine Brille sieht und dabei vergisst, sie in ihrem eigenen ontologischen Dasein wertzuschätzen. Bei uns

kommt rasch eine distanzierende Fremdheit gegenüber der Natur auf, bei der unser verzerrender Blick sozusagen die Fremdheit der Natur generiert. Wir empfinden die Natur als »Alterität«, als etwas anderes. Uns mangelt es an wirklicher »Relationalität«[101], das heißt an einer Begegnung mit der Natur »auf Augenhöhe«. Hier muss bei uns ein Lernprozess in Gang kommen, uns auf diese Relationalität *habituell* einzustellen und sie nicht dadurch kognitiv umschiffen zu wollen, dass wir sagen, für uns gelte in der Natur nur das, was wir über sie wissen. Hier ist nicht nur Kognition, sondern vor allem Relationalität gefragt. Wir haben einen »epistemologischen Konstruktivismus«[102] gegenüber der Natur zu durchbrechen, der sich der Illusion hingibt, im Verhältnis zur Natur die Karten endgültig gemischt zu haben. In diesem Konstruktivismus verhärten wir mental die Trennung von Natur und Kultur. Hier kann unser abendländisches Denken vom »Perspektivismus der amerindischen (das will sagen, von der südamerikanisch-indischen; S.K.) Kosmologie«[103] lernen, die Natur und Kultur in stimmiger Harmonie zu halten versucht.

Vom Gedanken der Überwindung der Sphärentrennung von Natur und Kultur scheint es nur ein kleiner Schritt zu KI-Visionen zu sein, die in manchen Zügen eine Verschmelzung von menschlicher Intelligenz und Maschine anstreben. Hätten wir damit aber nicht einen Kipppunkt erreicht, bei dem der Mensch als »homo sapiens«, als Inbegriff der Kultur, einer menschlich verursachten Manipulation der Natur zum Opfer fiele?

Hier soll kein Menetekel an die Wand gemalt werden. Nicht weniges aber spricht heute für einen Paradigmenwechsel von der Trennung von Natur und Kultur zu ihrer Versöhnung. Ich denke zum Beispiel daran, dass wir heute den früheren Umgang mit den Ethnien der Kolonialzeit anders bewerten. Man schätzte deren Leben in einer abendländischen Arroganz als kulturlos ein. Man blickte auf sie als bloßes Naturphänomen herab. Und selbst unserem heutigen Blick mangelt es bisweilen an echter Referentialität. Hier fällt dem Begriff des »ontological turn« eine wichtige Rolle zu. Der »ontological turn« wendet sich der tatsächlichen Wirklichkeit zu und bleibt nicht bei einem herablassenden oberflächlichen Eindruck stehen. Wie schwer das fällt und wie lange ein solcher Paradigmenwechsel in Anspruch nehmen kann, zeigte sich im Sommer 2022 an einer kleinen, aber bedeutsamen Geste zwischen Belgien und dem Kongo. Nach der Übergabe der belgischen Kolonie des Kongo an die Demokratische Republik Kongo hatte das Land unter Lumumba, dem ehemaligen Vorkämpfer der afrikanischen Befreiungsbewegung, der zum Präsidenten des Landes gewählt worden war, eine Entwicklung genommen, die dem ehemaligen Kolonialherrn Belgien Sorgenfalten auf die Stirn trieb. Es kam 1961 zur Ermordung Lumumbas, in die, bis heute freilich nicht gänzlich aufgeklärt, auch Belgien verwickelt war. Als Trophäe war Belgien bis in den Sommer 2022 im Besitz eines Goldzahns Lumumbas geblieben, der nun in einer späten Versöhnungsgeste den Hinterbliebenen Lumumbas übergeben wurde. In einem makabren Sinn wurde ein Goldzahn zum Symbol eines »ontological turn«.

Ohne Frage sind heute auf verschiedenen Feldern Tendenzen der Überwindung der Trennung von Natur und Kultur zu beobachten. Ein Beispiel meine ich bei Olga Tokarczuk, der Nobelpreisträgerin für Literatur von 2018, in ihrer Veröffentlichung »Übungen im Fremdsein«[104] zu finden. Darin kommt sie auf das Verhältnis von Natur und Kultur zu sprechen. Dabei stolpere ich – wie der Sargträger im Märchen von Schneewittchen, durch dessen Stolpern sich bei Schneewittchen ein im Hals steckenden gebliebener Apfel löste und Schneewittchen wieder zum Leben kam – ich stolpere über Tokarczuks Bemerkung, dass an der

digitalen Welt von heute *eine gewisse Ziellosigkeit* zu beobachten sei. Inspiriert von einen Holzstich von Camille Flammarion von 1888 empfindet Tokarczuk ein Befremden darüber, dass sich der Mensch von heute für das Zentrum der Welt halte. Tokarczuk berührt damit ein Thema, das man heute in den Begriff des Anthropozäns fasst. Unsere Zeit sei eine *Zeit des Menschen*. Die menschlichen Einträge in das Logbuch der Natur hinterlassen eine dunkle Spur. Eine Spur der Gedankenlosigkeit, von der man Abstand nehmen müsse, um der Natur mehr Empathie entgegenzubringen. Tokarczuk erläutert das an unserem Verhalten gegenüber der Tierwelt. Sie könne das Leiden von Tieren kaum ertragen. Tiere können ihrem Leiden keinen Sinn abgewinnen. Ohne dass Tokarczuk den Ausdruck verwendet, höre ich aus ihren Überlegungen den »Grundmodus einer Relationalität«[105] heraus; eine Weise der menschlichen Beziehung, die tiefer angelegt ist als bloße Rationalität, in der wir uns das Leiden der Tiere (als nicht-menschliche Lebewesen) vom Halse halten. Dabei haben wir mit ihnen Innerlichkeit gemeinsam. Wenn wir das ausblenden, indem wir zu Tieren eine Grenze ziehen, dann schützen wir uns damit vor den Qualen der Tierhaltung, vor ihren Qualen auf langen Transportwegen und vor anderem. Gewiss spricht man neuerdings vom »Tier-Wohl«. Trotz allem hat der Graben, den wir zur Tierwelt als Teil der Natur ausheben, etwas von einem gedankenlosen Selbstschutz an sich. So werden wir weder der Realität der Tierwelt noch unserer Realität als homo sapiens gerecht.

Unsere Überlegungen zum Beziehungsfeld von Natur und Kultur haben die spezifische Sicht, die durch KI-Visionen aufgerufen werden können, nur beiläufig berührt und eher überschwiegen. Ich entfaltete das Beziehungsfeld nicht gleich unter KI-spezifischer Perspektive, sondern deutete es in seinem größeren Horizont an. Was die digitale Welt angeht, sind wir uns einerseits bewusst, dass sie mit ihren neuen Möglichkeiten von großem Nutzen sein kann und manche Erleichterung im Leben mit sich bringt. Gleichzeitig aber kann es durch die KI zu problematischen Verwerfungen zwischen Natur und Kultur kommen. Jedenfalls gehen manche Äußerungen von KI-Visionären in eine Richtung, die das Miteinander von Natur und Kultur radikal in Frage zu stellen scheint. Das klang leise bereits bei Olga Tokarczuk an, wenn sie davon sprach, dass die digitale Welt, wenn man sich zu sehr in sie hineinverliere, zu einer *Ziellosigkeit* führe. Gravierender müssten die Bedenken werden, sollte die KI Wege einschlagen, die die Personalität des Menschen und seine Körperlichkeit, mit anderen Worten, seine gesamte Existenzweise ins Posthumane auflösten.

Vor diesem Hintergrund bzw. vor solchen KI-Visionen hielt ich es im Vorangehenden für angezeigt, eine knappe, mit Beispielen angereicherte Skizze des Verhältnisses von Natur und Kultur voranzustellen. Zur Abrundung und Ergänzung dieses »Vorprogramms« sei noch aus theologischer Sicht etwas zum Beziehungsfeld von Natur und Kultur gesagt. Dabei nicht vergessend, dass heute zwar für nicht wenige Religion zu einer Redeform geworden ist, die »nicht mehr spricht«. Vielleich sprechen die folgenden Gedanken Karl Rahners gleichwohl an.

Theologie der Natur

Nach Karl Rahner ist sich die theologische Rede des Beziehungsfeldes zwischen Natur und Kultur durchaus bewusst, und zwar in der Weise, dass sie unter Natur die »naturhafte Bestimmtheit des außermenschlichen Seins« und unter Kultur »die Freiheit des menschlichen Geistes« versteht.[106] Man könnte gegen diese Charakterisierung einwenden, sie werde sofort vom Menschen aus getroffen und verfalle damit einem repräsentativen, aber eben nicht relationalen Denk-Stil. Dieser Eindruck aber wird bei Rahner dadurch dialektisch »aufgehoben«, dass »Natur und Geist wesenhaft aufeinander bezogen«[107] sind, da schon die Natur »geistig geformt« sei. Gleichwohl dürfe die Natur des Menschen »nicht so sehr begriffen werden von der ›Natur‹ untermenschlicher Wesen aus, sondern vielmehr als Voraussetzung personaler-endlicher Freiheit.«[108] Dabei hätten beide, Natur und Mensch, theologisch gesprochen (was sich mit naturwissenschaftlichen Erkenntnissen nicht reibt, weil es sich um unterschiedliche Geltungsansprüche handelt) denselben Seinsgrund in Gott. Beide Daseinsweisen, die der Natur und die des Menschen, seien, richtig verstanden, keine in sich kreisenden Wirklichkeiten, die sich selbst genügten. Sondern ihnen gegenüber sei Gott »von vornherein der in Freiheit sich selbst [...] Verschenkenwollende und, weil er sich so in Freiheit will, weil er Gnade will, muss er eine ›Natur‹ schaffen, der er sich selbst mitteilen kann als die freie Liebe.«[109] Karl Rahner bringt die theologische Sicht der Natur auf den Punkt, indem er sagt: »Natur ist, weil Gnade sein will. Die Gnade ist von vornherein als der Grund der Natur die innerste Mitte dieser Natur.«[110]

Das mag sich nicht jeder auf der Zunge zergehen lassen: die Gnade Gottes sei der Grund der Natur. Die Gnade ist der Grund der Existenz des Menschen, so Rahner. Eine Gnade, die nicht scheibchenweise in unser Leben hineingeschenkt und womöglich scheibchenweise wieder zurückgenommen wird. Sie ist die habituelle Ausstattung der Natur wie des Menschen. Das deckt sich mit der Aussage des Römerbriefes: »Wir wissen, dass die gesamte Schöpfung bis zum heutigen Tag seufzt und in Geburtswehen liegt. Aber auch wir, obwohl wir als Erstlingsgabe den Geist Gottes haben, seufzen in unserem Herzen und warten darauf, dass wir mit der Erlösung unseres Leibes als Söhne offenbar werden« (Röm 8,23).

Das alles schützt vor der Gefahr der Entfremdung nicht, vor der Entfremdung also, dass wir Gott weder in der Natur noch in unserer eigenen Existenz »auf der Rechnung haben«. Diese Gefahr wächst in dem Maße, in dem wir meinen, in der Natur es nur noch mit der *von uns selbst* gestalteten bzw. *von uns* in ihrer Existenz bedrohten Natur zu tun zu haben.

Um alles in einem Rahner-Zitat zusammenzufassen: »Der eigentlich *theologische* Begriff der ›Natur‹ meint […] nicht einen in sich selbst verständlichen, von uns […] erfahrenen Wirklichkeitsbestand, auf den dann, wie die Offenbarung uns mitteile, eine höhere Wirklichkeit noch aufgestockt wird. ›Natur‹ ist vielmehr jene Wirklichkeit, die die göttliche Selbstmitteilung sich selbst so als […] Adressaten schöpferisch voraussetzt, dass sie ihm gegenüber […] bleiben kann, was sie ist: freie Huld der Liebe.«[111]

Aus der Sicht des Glaubens rücken Natur und Kultur als Schöpfung nicht nur zusammen. Sie erhalten beide einen Wert, eine letzte Bedeutung, die angesichts trans- und posthumaner KI-Vorstellungen Gefahr laufen, verloren zu gehen.

6. Transhumane und posthumane KI-Ziele

Unsere Gesellschaft wird gewiss zurzeit mehr von anderen Fragen heimgesucht als von transhumanen bzw. posthumanen Zielen der KI. Viele machen sich im Sommer 2022 Sorgen, wie sich der Herbst und der Winter 2022/23 gestalten werden. Wenn die Energieversorgung ins Straucheln kommt, wenn Engpässe auftreten, wenn nicht nur große Industriekonzerne ihre Produktion herunterfahren müssen, sondern auch die privaten Haushalte sich weniger als bisher gemütlicher Wärme erfreuen, wenn sich das gesamte Leben verteuert, worunter vor allem die leiden werden, die ohnehin zu wenig zum Leben haben.

All das steht heute im Vordergrund des öffentlichen Interesses, begleitet von der Sorge um den weiteren Verlauf des Aggressionskrieges in der Ukraine, dessen Tage nun schon weit in die Hunderte gehen. Darüber mag man ganz vergessen, dass wieder mit weiteren Corona-Wellen der Variante BA.5 oder anderer Varianten zu rechnen ist.

Angesichts dieser Lage – Bundeskanzler Olaf Scholz schwor die Deutschen auf eine lange Krise ein – scheinen Fragen nach der Zukunft der KI, nach der Zukunft der Digitalisierung der Gesellschaft deutlich an Gewicht zu verlieren. Die Digitalisierung aber bleibt auf der Tagesordnung. Bei uns lässt der Glasfaserkabel-Ausbau in manchen Regionen immer noch zu wünschen übrig. Es ist nicht nur eine sozusagen akademische, die breite Öffentlichkeit kaum tangierende Frage, sondern eine Frage von gesellschaftlichem Belang, wie es mit der KI weitergeht. Die im Folgenden zu stellende Frage, ob die KI transhumane und posthumane Ziele anstrebe, mag im ersten Moment befremden und als uninteressant erscheinen. Die Begriffe, um die es hier gehen soll, scheinen auf wenig Resonanz zu stoßen. Aber sie sprechen eine Thematik an, der im Blick auf die gesellschaftliche Entwicklung Gewicht zukommt.

Was tritt vor unser Auge, wenn wir uns der Frage zuwenden, ob die KI transhumanen bzw. posthumanen Zielen zutreibt? Die Problematik klang im Vorausgehenden da und dort bereits an. Versuchen wir, uns ihr in aller Behutsamkeit und Umsicht zu nähern.

Einstimmungen

Es war bereits aus den vorausgehenden Überlegungen herauszuhören, dass die Stabilität der Kategorien menschlich und nichtmenschlich bzw. Kultur und Natur fraglich geworden ist. Es wird die Frage gestellt, ob die Kategorien mehr von der Unterscheidung oder mehr von der gegenseitigen Referentialität her zu lesen sind. Irgendwie schwingt immer das Moment des Aufeinder-Bezogenseins, des Zusammenhalts mit. Ein Zusammenhalt, den man eher erahnt als dass man ihn klar benennen könnte. Das erinnert möglicherweise in der Problemlage an die Relationalität des Religiösen zum Weltlichen und umgekehrt. Und das gerade heute angesichts einer schillernden Postsäkularität. Religiöses und Weltliches überschneiden sich. Das zeigt sich etwa daran, wenn Terrorakte die

Gesellschaft erschüttern. Dann greifen Menschen zu quasi religiösen Riten, sie legen Blumen, Lichter, Kränze, und Erinnerungsworte nieder, sie versammeln sich zu Gottesdiensten. Religiöse und weltliche Paradigmen überlagern sich da und widerstreiten sich zugleich, da das Religiöse auf tiefere und ausdrücklichere Weise auf Dimensionen Bezug nimmt, die das Weltliche so nicht auf dem Schirm hat.

Hier berühren wir noch einmal das Wechselverhältnis zwischen Natur und Kultur, wobei Kultur die Art und Weise umschreibt, in der der Mensch sein Leben im Umfeld des Wirklichkeitsganzen zu bewältigen versucht.

Aus den Spuren der Natur entdeckte der Mensch in vielen Schritten die »Technik«, bis hin zur Technik der Moderne, die für den Einzelnen unüberschaubar geworden ist. Es sei nur am Rande erwähnt: Im Juli 2022 machte das in den USA entwickelte James-Webb-Weltraumteleskop (James Webb Space Telescope) von sich reden, das in 1,5 Millionen Kilometer Entfernung um die Sonne kreist.[112] Es gewährt einen Tiefenblick in eine Galaxie, die nach der Lichtlaufzeit 13,1 Milliarden Jahre alt ist. Bei der Annahme des Urknalls vor 13,8 Milliarden Jahren erlaubt das Teleskop einen Blick auf eine Galaxie, die nur 700 Millionen Jahre nach dem Urknall entstanden ist. Vor solchen Dimensionen fühlen wir uns klein und zugleich von ihnen herausgefordert. In seinem kreativen Erfindungsreichtum entdeckt der Mensch die Technik, und zwar als einen Teil der Schöpfung. Technik darf nicht als menschliche Anmaßung gegenüber dem Schöpfer ausgelegt werden. In ihr bringt der Mensch sein Streben und sein Vermögen zum Ausdruck, das Leben zu gestalten, zu erleichtern und auf sicherere Bahnen zu lenken. Der Technik haftet eine effektive Kontingenzreduktion an, die dem Leben Erleichterung bringen kann. Denken wir allein an den medizinischen Bereich, um von anderem ganz abzusehen: wir leben mit Prothesen, mit Implantaten, mit neuen Herzklappen, mit Herz-Schrittmachern, von Impfstoffen usw. usf. Dabei wirken nachhaltig vorausgehende Erfindungen und Erfahrungen nach, deren wir uns in der Regel gar nicht mehr bewusst sind. Neue Entwicklungen, auch Wandlungen im sozialen Wahrnehmungsmuster setzen nicht wie aus dem Nichts ganz neu ein, unter Abbruch alles Vorausgehenden. Hier schiebt sich vielmehr Altes und Neues in- und übereinander. Vorausgehende Formen gehen nicht einfach verloren. Geschichte ist kein disruptives Eis-Schollen-Springen von einer Eisscholle auf eine andere, von einer Disruption zur nächsten. Das hat Robert Bellah in »Der Ursprung der Religion. Vom Paläolithikum zur Achsenzeit« beeindruckend herausgearbeitet. Das Ergebnis fasste er in die Formel: »Nichts geht jemals verloren.«[113]

Vor diesem Hintergrund wird verständlich, warum zum Beispiel Einflüsse des französischen Arztes und Philosophen Julien Offray Lamettrie (1709–1751) bis zu uns hereinwirken können. Lamettrie hatte in seinem Hauptwerk *»L'homme machine«* die Ansicht vertreten, dass der Mensch eine Maschine sei.[114] Wenn das gelte, sollte es dann anders herum nicht auch möglich sein, dass eine Maschine »menschliche Züge« annehme? Was in einer strapazierenden Überdehnung dieser Denkrichtung zum Beispiel zur These des Films *Ex Machina* (2015) von Alex Garland führte: »… das, was wir als künstlich und produziert ansehen, (sollte) ein Teil des Menschen werden […], anstatt dass der Mensch ein Teil der Technologie wird.«[115]

Transhumanismus – transhumane KI-Ziele

Damit stehen wir der Sache nach bei dem, was man in der digitalen Welt Transhumanismus bzw. transhumane Ziele nennt. »Trans-human« will andeuten, dass der Mensch bzw. die Menschheit in der digitalen Entwicklung einen verbesserten Status erreichen kann, der den jetzigen Status übertrefft, ihn transzendiert, ohne dabei ins »In-Humane«, ins Nicht-mehr-Menschliche wie etwa ins Posthumane abzugleiten. Die Abgrenzungen zwischen Transhumanismus und Posthumanismus sind in der Literatur fließend, sie verschwimmen ineinander.[116] Ich für meinen Teil höre aus dem *Post*-Humanismus im Unterschied zum Transhumanismus eine Entwicklung heraus, die dezidiert *nach*-humane, *nicht-mehr*-humane, *in*-humane Verhältnisse anstrebt. Deshalb möchte ich zwischen beiden unterscheiden.

Eine Ermutigung zu dieser Unterscheidung zwischen Transhumanismus und Posthumanismus liefert mir, so scheint mir jedenfalls, Donna Haraways »Ein Manifest für Cyborgs. Feminismus im Streit mit den Technowissenschaften«[117]. Meine leitende Frage ist, ob man im Bereich der digitalen Welt den Transhumanismus als Impuls verstehen darf, *humane* Strukturen des Lebens zu stärken und zu fördern. In dem von Donna Haraway vertretenen Feminismus sehe ich ein gutes Beispiel einer solchen Verbesserung. Donna Haraway bedient sich in ihren Ausführungen im Begriff des Cyborgs (von engl. *cybernatic organism*) der Cyber-Sprache. Und das in einem doppelten Sinn: einmal als Metapher kapitalistischer, den Menschen, zumal Frauen unterdrückender Lebensverhältnisse, und einmal als positive Metapher einer weiblichen »Cyborg«, die sich die Verbesserung der Lebensverhältnisse von Frauen auf die Fahnen geschrieben hat. Haraways *männlicher* »Cyborgmythos handelt [...] von überschrittenen Grenzen, machtvollen Verschmelzungen und gefährlichen Möglichkeiten, die fortschrittliche Menschen als einen Teil notwendiger politischer Arbeit erkunden sollten.«[118] Haraway stellt sich damit gegen bestimmte Dualismen, die sich in der westlichen Tradition festgesetzt haben: wie systematische Bestandteile »der Logiken und Praktiken der Herrschaft über all jene, die als *Andere* konstituiert werden und deren Funktion es ist, Spiegel des Selbst zu sein. Die wichtigsten dieser problematischen Dualismen sind Selbst/Andere, Geist/Körper, Kultur/Natur, männlich/weiblich, zivilisiert/primitiv, Realität/Erscheinung, Ganzes/Teil, HandlungsträgerIn/Ressource, SchöpferIn/Geschöpf, aktiv/passiv, Wahrheit/Illusion, total/partiell, Gott/Mensch.«[119]

Insofern dem »weiblichen« Transhumanismus die Verbesserung der natürlichen Lebensverhältnisse zugrunde liegt, versteht sich Donna Haraway, ins Bild gefasst, lieber als eine *weibliche »Cyborg«* denn als eine vom männlichen Cyborgmythos definierte Göttin.[120] Mein kurzer Blick auf Donna Haraway wird ihr in keiner Weise umfassend gerecht. Mir ging es lediglich darum, an ihr Elemente eines *humanen* digitalen Transhumanismus zu verdeutlichen.

Ich ergänze die Überlegungen Donna Haraways zum Transhumanismus durch einen Gedanken, auf den ich bei Wolfgang Beck, allerdings in etwas anderem Zusammenhang, aufmerksam wurde. Ein Gedanke, der sich für die *humane* Einordnung des Transhumanismus anbietet: das Stichwort »rhizomatische« Konstruktionen.[121] Rhizomatische Verflechtungen bzw. Konstruktionen wurden bei unterirdischen Pilzgeflechten entdeckt, die die Eigenschaft besitzen, sich von fremden Pilzkulturen bzw. Pilzstrukturen nicht abzugrenzen, sondern diese in sich aufzunehmen, sich mit ihnen zu verbinden, so dass Gegensätzliches zu einer Einheit des Verschiedenen zusammenfindet. Zugrunde liegt die Toleranz der Vielheit, die Konträres miteinander verbindet.[122]

Von diesen Überlegungen her möchte ich auf den Transhumanismus durch die Linse einer gewissen Interpretationsvielfalt blicken. Zum einen hat Richard David Precht fraglos recht, wenn er feststellt, dass »die Begriffe ›Transhumanismus‹ und ›Posthumanismus‹ […] auf Digitalkonferenzen keine Fremdwörter mehr (sind). Nicht als Drohbegriffe stehen sie im Raum, sondern als faszinierende Weiterentwicklung.«[123] Ich maße mir nicht an, den KI-Transhumanismus eigenwillig umzuinterpretieren. Aber bei allen Bedenken gegen ihn möchte ich wenigstens die Frage stellen, ob nicht die Vorstellung einer Weiterentwicklung des Humanen durch KI-Impulse *innerhalb* der Grenzen des Humanen möglich ist. KI-Transhumanismus also zu deuten als Schritte innerhalb einer durchgetragenen und durchgehaltenen Verantwortung für das Menschliche. Oder falle ich allein durch diese Frage ahnungslos und blauäugig auf die Versicherung der Chefs von Silicon Valley und vergleichbarer Unternehmen herein, die immer wieder lautstark versichern, dass »im Mittelpunkt« ihrer Unternehmungen der Mensch stehe?[124]

Gewiss leuchtet der Unterschied ein, ob wir von einem Eingriff heutiger moderner ärztlicher Kunst sprechen *oder* von bisher angedachten und eines Tages möglichen Eingriffen in die neuronalen Netzwerke des menschlichen Gehirns. Im Sommer 2022 berichtete die Zeitschriftengruppe »Nature« von einer Studie, der es gelungen sei, »eine KI zu entwickeln, die demokratische Tugenden beherzigt und entsprechende Handlungsmodelle hervorbringt.«[125] In einem Wettbewerb mit menschlichen Konkurrenten stellte die KI die Mitbewerber in den Schatten. Natürlich denken die verantwortlichen Wissenschaftlicher nicht daran, ihre demokratisch agierende KI der Gesellschaft zu implementieren. Zwischen der »demokratischen KI« (so nennen sie ihre KI-Entwicklung) und der Vorstellung von KI-Eingriffen in das menschliche Gehirn liegen Welten. Aber es erlaubt mir den Spielgedanken, mir den KI-*Trans*humanismus nicht von vornherein als Horrorszene, als Raub der menschlichen Willensfreiheit, als Schritt der Entpersönlichung des Menschen und dergleichen vorzustellen. Sollte er sich aber genau als das herausstellen, müsste ich meine angedachte Vorstellung zurücknehmen.

Mit meiner Einschätzung eines moderaten Transhumanismus gehe ich in jedem Fall auf Distanz zur Vision von Ray Kurzweil, dem amerikanischen Visionär der KI, der schon vor mehr als zwei Jahrzehnten von einem Stadium der Technik träumte, das er so beschrieb: »Als nächster Meilenstein wird eine Technologie entstehen, die *ohne menschlichen Eingriff* (kursiv; S.K.) ihre eigene Folgegeneration erschafft.«[126] »Ohne menschlichen Eingriff« – das läge jenseits aller menschlichen Gestaltungsmöglichkeit, das läge damit jenseits alles Humanen.

Um das Bild der rhizomatischen Verflechtungen aufzugreifen: Soll es ganz unmöglich sein, an moderate KI-Formen und moderate KI-Praktiken zu denken, die sich einem moderaten Verständnis des *Trans*humanismus zurechnen ließen?

Posthumanismus – posthumane KI-Ziele

Der Posthumanismus scheint mir von einem anderen Kaliber zu sein als der Transhumanismus.[127] Er scheint mir die »conditio humana« in Frage zu stellen. Der Posthumanismus fordere die »stabile und konstante Einordnung dessen heraus, was es bedeutet, ein Mensch zu sein, sei es in seiner deskriptiven oder normativen Dimension.«[128] Der digitale Posthumanismus präsentiert sich als eine tiefgreifende Herausforderung, das normative Verständnis dessen, was den Menschen zum Menschen macht, in Frage zu stellen. Es ist gewiss richtig, dass »Gewissheiten erodieren«,[129] dass sich neue normative Konturen in einer Gesellschaft etablieren, aber damit gehen nicht alle normierenden Standpunkte verloren. Grundkonsense über die »conditio humana« werden nicht leichthin aufgegeben. Robert Bellah hat uns vor Augen geführt, dass sich historische Schichten überlagern, bei denen Früheres weiter eine Rolle spielt. Normative Dimensionen beanspruchen Geltung, auch wenn wir darum wissen, dass sie sich *innerhalb* menschlicher Fehlbarkeit und Irrtumsmöglichkeit herausbilden. Aber damit sind sie eben alles andere als nichts. Fehlbarkeit und Irrtumsmöglichkeit sind der Boden menschlich erkannter Norm.

Von solchen Normen und den ihnen zugrundeliegenden Kriterien scheint nun der KI-Posthumanismus nichts mehr zu halten. Im Gegenteil: »Die(se) ergebnisoffene Dimension des Posthumanismus zieht seine Befürworter an und fasziniert sie wegen der radikalen und pluralen Neuartigkeit, die er fördert und umarmt.«[130] Hier stellt sich die Frage, ob der Posthumanismus nicht einer Utopie bzw. einer Dystopie[131] nachläuft, wenn er sich eine (gewiss vorerst nur angedachte) Verschmelzung von menschlichem Gehirn und einer Maschine zum Ziel setzt? Ein hypothetisches Hochladen unseres Gehirns in Supercomputer[132]?

Auch wenn sich in der digitalen Welt vieles miteinander vermischt, ist festzuhalten, dass nicht alles auf ein und derselben Problemebene liegt. Gemeinsam ist der digitalen Welt, dass für sie die Natur ein »work in progress«[133] ist. Ein Werk, das nicht schon an seinem Endpunkt angekommen ist, ein Werk, das weiterdrängt. Dabei geben sich die angestrebten Ziele einmal moderater und ein andermal bilderstürmerischer.

Es klingt noch moderat, wenn die KI allgemeine Ziele der Verbesserung des Lebens verfolgt, wie den Schutz vor Krankheiten, das Ausmerzen von Leiden, die Bewältigung des Hungers in der Welt, der Klimakrise usf. Aber da kommt man schon ins Stocken. Wo hat sich denn bisher die KI herausragende Meriten verdient? Auf die sie stolz verweisen könnte? Zum Beispiel im Fall der Corona-Pandemie, die nicht wie eine Furie über uns kam, sondern die, mehr als ein bloßer Kollateralschaden, wie eine grundstürzende Infragestellung unserer globalisierten Welt über uns niederging. Wo blieben da die zukunftsgestaltenden Lösungen der KI-Visionäre?

Während sich solche Erwartungen im normalen Rahmen der Verbesserung des Lebens halten, schreiten andere zu ganz anderen Horizonten aus. Bei ihnen fragt man sich umso mehr, wofür sie gut sein sollen. Etwa, wenn der Physiker Michio Kaku die Erwartung formuliert, »dass wir bis zum Jahr 2100 wie die Götter geworden sind, die wir einst verehrt und gefürchtet haben.«[134] Hier scheint es um einen ganz neuen Wurf bzw. Entwurf des Menschen zu gehen, der seine Kräfte und Möglichkeiten ins Unvorstellbare übersteigen will. In eine »paradiesische« Zukunft, in der sich alles im Schönen, Leichten, Beständigen, Intelligenten, im ewigen Frieden überschlägt? Für manche dämmern aber auch vom Menschen initiierte, ihn dann und seine Intelligenz übertreffende und ihn in den Schatten stellende KI-Visionen herauf, die Züge – man weiß es nicht – einer chaotischen Unsterblichkeit annehmen?

Ray Kurzweil träumt davon, dass die KI in absehbarer Zeit klüger, einflussreicher als der Mensch sein werde, so dass sich der Mensch gedrungen fühlen werde, sich mit der KI kybernetisch-technisch zu verschalten. Was sich hier nach einem Finger-Schnippen anhört, steckt voller Fragen, voller Probleme.

Die Denkrichtung, die dahinter deutlich wird, zeigt der Begriff des »work in progress« an. Der Akteur in diesem Progress wird zunächst der Mensch sein, der sich nicht einer bloßen Objektwelt gegenübersieht, sondern der in ihr einen natürlichen *Aktanten* erkennt, der über ein eigenes Aktivitätszentrum verfügt. Noch sind das Phantasien, aber an ihnen wird gearbeitet.

So wagte der Philosoph Yuval Harari beim Internationalen Weltwirtschaftsforum in Davos 2018 die These, dass es der Wissenschaft gelingen werde, dass das Leben in das Reich des Anorganischen vordringe.[135] Und zwar über das Maß hinaus, in dem sich bisher schon in der Chemie organische Kohlenstoffverbindungen mit anorganischen Elementen verbinden. Bei organischen Kohlenstoffverbindungen haben wir es mit Leben zu tun. Darüber hinaus will das Programm des KI-Posthumanismus menschliches Leben, die menschliche Intelligenz bzw. das menschliche Gehirn mit Anorganischem verbinden; was sich hier in aller Unklarheit vorerst nur andeuten lässt.

Ray Kurzweil ist von dem Gedanken besessen, dass es bald möglich sei, das Bewusstsein eines Menschen auf einen Computer »upzuloaden«,[136] und in dem Sinn den Prozess einer Verschmelzung von Mensch und Maschine voranzutreiben. Hier stellt sich für mich die grundsätzliche Frage, wie das überhaupt ins Auge gefasst werden kann, wenn wir bedenken, dass die bisherige KI vor der *Welt der Begriffe* immer noch die Waffen streckt. Begriffe sind für die KI bisher eine nicht zu knackende Welt.

Und das ist nicht das einzige Problem. Noch entscheidender ist, zu fragen, um welchen *Inhalt* es beim Uploaden des menschlichen Gehirns gehen kann. Wonach soll da gegriffen werden?

Was will man da zu fassen bekommen? Man denkt zunächst an die Möglichkeit, Gehirne Verstorbener upzuloaden. Man stellt sich vor, »das Gehirn eines genialen Toten in dünnste Scheiben (zu) schneiden, mit Elektronenmikroskopen (zu scannen) und die Daten als Vorlage für eine perfekte Gehirnsimulation (zu) nutzen.«[137] Wie fraglich dieses Ansinnen ist, jedenfalls nach dem heutigen Stand der Dinge, macht Ralf Otte überzeugend deutlich. Man stellt sich vor, *bevor* ein Mensch stirbt, »Bewusstsein und Emotionen (und nicht mehr nur Texte und Videos) eines Menschen mittels EEG- und MRT-Technologie aus(zu)lesen und auf einem Supercomputer ab(zu)speichern.«[138] So meint man, irgendwie den Tod zu überlisten. Otte kommentiert das mit der Bemerkung: »Diese Idee steht jedoch der Naivität von Grabbeigaben und der Kryonik, dem Einfrieren von Verstorbenen, in nichts nach.«[139]

Warum ist das in der Tat so? Weil hier zwei Dinge miteinander verwechselt werden: das *Bewusstsein* und *die messbaren Signale des Gehirns*. Das Bewusstsein ist nicht »die Summe aller elektrischen und magnetischen Signale des Gehirns.«[140] Das wäre eine falsche Vorstellung. »Bewusstsein ist immateriell, nichts davon kann man in Software speichern. [...] Bewusstseinsprozesse sind geistige Prozesse, die an die neuronalen (Mikro-)Prozesse des Gehirns gebunden sind. Stirbt das Gehirn, kann man nicht sagen, was mit den immateriellen Prozessen passiert. Man kommt an diese Prozesse messtechnisch einfach nicht heran, da sie *immateriell* sind.«[141] Es handelt sich, wie Otte sagt, um einen Kategorienfehler zu meinen, man könne immaterielle Prozesse des Gehirns technisch ablesen.

In all dem wabert die posthumane Hoffnung, dem Menschen eine »Zukunft« über den Tod hinaus in Aussicht zu stellen. Dem »Menschen«? Warum diese Frage? Wird hier nicht der Mensch auf eine *körperlose Software* reduziert, die dann in eine vom KI-Posthumanismus ermöglichte Zukunft transportiert werden soll? Wir stoßen hier an Fragen der Religion, des Glaubens, deren Antworten für viele heute keinen Wert mehr haben. Nur: Liefert der KI-Posthumanismus eine verlässlichere Antwort? Es sieht ganz und gar nicht danach aus. Man hat den Eindruck, die KI-Philosophie des Posthumanismus würdige den Menschen nicht mehr in seinem *Personsein*, sondern lediglich von der Möglichkeit her, seinen Körper zu einem Träger gespeicherter Datenmengen zu machen.[142] Solche Deformationen des Menschen vernachlässigen nicht nur sein Menschsein, sie machen seinen Körper zu einem bloßen »Accidens des Daseins«;[143] eines Daseins, dessen Hauptziel in der Aufnahme implementierter Informationen liegt.

Postanimale KI-Ziele?

Die Probleme brauen sich nicht erst hier zusammen. Schon früher bauen sich KI-Probleme auf, die man nicht mit einer lässigen Handbewegung beiseiteschieben darf. Ich spreche im Folgenden nicht mehr von post*humanen,* sondern von sozusagen post*animalen* KI-Problemen, die dann die Bühne betreten, wenn Maschinen mit *biologischen Zellen aus dem Tierreich* verbunden werden.[144] Das würde einer Maschine aufgrund der Ausstattung mit tierischen Nervenzellen die Möglichkeit von *Empfindung*, von *Wahrnehmung* (von inhärenter Wahrnehmung) verleihen, die dann freilich weit unterhalb der menschlichen Wahrnehmung läge. Sie wäre nur als *innere* Wahrnehmung und nicht als äußere Wahrnehmung zu klassifizieren und zu qualifizieren und nicht, wie schon gesagt, als menschliche Wahrnehmung. Die innere »Maschinenwahrnehmung« aufgrund der Ausstattung mit biologischen Zellen von Tieren mag für uns schwer vorstellbar sein. Ralf Otte weist aber zu Recht darauf hin, dass der Einsatz tierischer Nervenzellen auf Computersysteme unkalkulierbare Folgen nach sich ziehen würde. Gewiss sind Bewusstseinsprozesse tierischer Nervenzellen von anderer Art als Bewusstseinsprozesse des Menschen. Aber offensichtlich wären einer Maschine implementierte biologische Tierzellen *leidensfähig*. Nur könnten sie ihr Leiden aufgrund ihrer lediglich inneren Wahrnehmung nicht nach außen transportieren, nicht nach außen anzeigen. Ihr Leiden wäre von außen nicht messbar. Ohne ein Phantombild zu entwerfen, ist durchaus damit zu rechnen, dass ein rigoroser KI-Post*animalismus* nach solchen Tierversuchen greift, die Tierzellen in ein nicht mehr kontrollierbares Leiden führen.[145] Mit diesen Überlegungen rühren wir an ein Thema, bei dem es einem den Magen umdrehen kann, ohne hier das Ganze in falscher Weise emotionalisieren zu wollen.

Da das Stichwort Emotionalisierung gefallen ist, sei noch angemerkt, dass es in posthumanen KI-Kreisen keineswegs immer nur kühl-rational zugeht. Dafür kann ein Ereignis stehen, das der französische Philosoph Gaspar Koenig von einem Freund aus dem Raum San Francisco übermittelt bekam. In der Nähe von San Francisco hatten sich KI-Freunde und andere Leute zu einem Fest um eine meterhohe menschliche Gliederpuppe versammelt. Am Ende des Festes ging die Gliederpuppe als Abbild des Menschen in Flammen auf. Der Abend stand unter dem Motto *Burning Man*.

»Eine dutzende Meter hohe Gliederpuppe, die Arme erhoben wie zur Feier eines letzten Sieges, verbrennt mitten in der Nacht in einem Gewitter aus elektronischer Musik und Feuerwerk. Die

Menschenmenge versammelt sich in einem weiten Kreis und schreit vor Freude, während der Mensch Stück für Stück zusammenbricht. Seine Glieder lösen sich eines nach dem anderen, er beugt sich nieder, fällt auf die Knie, stürzt ein, von seinem Hochmut zu Fall gebracht. *Ecce homo*: ein Häuflein Asche, um diese herum halbnackte Programmierer, Informatiker, Webdesigner, Unternehmer und einfache *digital natives* tanzen, aufgekratzt von dieser tribalen Tötung. Der *Burning Man* ist ein Vatermord – oder vielmehr ein ›Spezizid‹, durch den der *Homo connectivus* den herrschenden *Homo sapiens* zur Strecke bringt.«[146]

Es handelt sich sozusagen um den Sieg des *homo connectivus*, das heißt des von der digitalen Welt gefeierten digitalen Menschen, über den *homo sapiens*, der unter grölendem Gesang im Feuer untergeht. Sind dessen Zeiten vorbei? Tempi passati? Soll das Symbol des Aschehaufens des *homo sapiens* die letzte Auskunft sein?

Es gibt immer einen Morgen nach durchfeierten Nächten.

7. Hintergrundmotive des KI-Posthumanismus

Ohne Frage ist die KI für manche zum Symbol des Fortschritts geworden. Der KI gehöre die Zukunft. Eine Zukunft, die dezidiert über die bisherige Gestalt des Humanen hinausgreife. Ein Aufbruch in eine Zukunft, die die Art des Menschen zu leben verändere, die möglicherweise ein ganz neues Menschsein kreiert. Machbarkeitsphantasien kommen ins Spiel, die in elitären Zirkeln ventiliert werden. Es sind Phantasien, die letztlich zu neuen Lebensformen führen könnten. Lebensformen, die das bedrückende menschliche Problem seiner Vergänglichkeit, seines Todes in einer Kernschmelze lösen und einen neuen Menschen generieren. Federführend ist dabei der Gedanke an die *Existenz*, an das Bleiben, an ein Bleiben mithilfe einer Verschmelzung mit einer Maschine, einem Supercomputer. Verflüchtigt sich dabei die Frage, was da bleibt, wieviel da an menschlicher Identität bleibt *oder* ob da etwas ganz anderes, etwas radikal Posthumanes herauskomme, in eine unbeantwortbare Frage?

Hier soll kein phantasievolles Zerrbild kommender KI-»Fortschritts«-Prozesse gezeichnet werden; dazu fehlte mir jegliche Phantasie. Aber was sich vor einem visionären Horizont als Eindruck einstellt, ist die Vermutung, im Hintergrund von KI-Phantasien spiele die Flucht vor der Sterblichkeit, die Flucht vor der Endlichkeit der körperlichen Existenz und die Flucht vor der Verwundbarkeit, vor der Vulnerabilität der menschlichen Existenz eine eigentliche Rolle.

Das soll nicht heißen, nur die, die posthumanen KI-Ideen nachgehen, würden mit der Endlichkeit ihrer Existenz hadern. Mit ihr hadert, an ihr kaut, an ihr leidet alles bewusste Leben. Aber deswegen muss man sich dem Ausweg des KI-Posthumanismus nicht anschließen. Was andersherum aber auch nicht

heißt, mit dem KI-Posthumanismus sei in keinen Dialog einzutreten, er sei von vornherein indiskutabel. Die diese Ideen verfolgen, sind Menschen mit Verstand, mit hoher fachlicher Intelligenz. Wir haben sie eben beim Ritus des *Burning Man* kennengelernt. Etwas verbindet uns mit ihnen, gerade auch dann, wenn wir meinen, bei ihnen die Hintergrundmotive der Umgehung der Sterblichkeit, die Umgehung der Körperlichkeit und die Umgehung der Vulnerabilität zu entdecken.

Das Hintergrundmotiv: Sterblichkeit umgehen

Was treibt die KI-Visionäre an? Ich habe mich mit empirischen Untersuchungen zu dieser Frage, wenn es denn solche gibt, nicht befasst. Das ist eine komplexe Frage, auf die man in Interviews dieses und jenes zu hören bekommen könnte an ehrlichen Antworten, aber hier greift die Kategorie der Ehrlichkeit zu kurz. Hier geht es ja nicht um eine berufsspezifische Frage. Die Frage berührt existentielle Dimensionen, die man nicht einfach aus sich abrufen und in eine bündige Antwort fassen kann. Dazu ist unser Leben zu wenig bündig. Es ist nicht so einfach gestrickt, dass man es in Kernthesen einfach auf den Tisch legen könnte. Das ist für mich der Grund, warum ich vom

Hintergrundmotiv – bzw. ebenso gut könnte man Hintergrundmotive im Plural sagen – spreche. Darüber aber legt sich sogleich eine weitere Frage: Wenn, geht es für die KI-Praktiker *grundsätzlich* um die Umgehung der Sterblichkeit *oder* geben ihnen vor allem die in den Religionen tradierten Bilder der Unsterblichkeit Anlass zu Umgehungsversuchen? Auch Letzteres könnte der Fall sein. Salopp gesagt: für eine ausgelaugte inhaltsleere Unsterblichkeit ist einem das eigene Leben zu gut. Also wäre die Frage der Sterblichkeit neu zu bearbeiten? Aber was kommt dann heraus, die eigene Existenz bei aller Unumgänglichkeit des Todes aufgrund eigener Initiative irgendwie in eine Unsterblichkeit zu retten? Was bleibt dann? Die Hoffnung, den eigenen Geist auf einen Mikrochip zu laden bzw. in einem Avatar die Spuren des eigenen Lebens über den physischen Tod hinaus zu verlängern, um so eine den Tod überdauernde Quasikommunikation mit Hinterbliebenen zu ermöglichen?

Je länger man sich diese Vorstellungen durch den Kopf gehen lässt, umso deutlicher scheint dem Ganzen etwas von einer Flucht vor der Sterblichkeit anzuhaften, die auf Visionen von neuen menschlichen Existenzweisen ausweicht, bei denen man sich dann doch fragt, was an ihnen noch an menschlicher Existenz auszumachen ist. Was vermittelt die posthumane Vision eines in einen Großrechner hochgeladenen Bewusstseins für eine Lebendigkeit? Vermittelt sie nicht »eine pathologische Angst vor dem Tod, der Verletzlichkeit und der Endlichkeit«?[147]

Wenn wir das theologisch in den Blick nehmen, sollte unsere »Beurteilung« solcher Visionen freilich nicht zu scharfe Grenzen ziehen, in denen wir sozusagen sogar Gott Grenzen zögen.

Karl Rahner hat sich vor einer langen Reihe von Jahren über die Fähigkeit des Menschen Gedanken gemacht, das Leben bis hin zur Manipulation der eigenen Zukunft zu manipulieren.[148]

Für Rahner gehört der Drang zu gestalten zum Wesen des Menschen. Dieser Drang hat von Anfang an einen offenen Charakter. In die heutige Zeit übertragen kann man demnach sagen, auch eine visionäre KI, die wir als KI mit posthumanen Zielen apostrophiert haben, verläuft innerhalb eines Horizonts, »der mit dem vom Menschen selbst nicht gesetzten, von ihm nicht überholbaren Anfang gegeben ist.«[149] Ist es gewagt, die heutigen KI-Visionen mit der Versicherung Rahners in Verbindung zu

bringen, dass »die Exekutoren der Geschichte (um hier die heutigen Techno-Visionäre einmal für solche Exekutoren zu halten; S.K.) […] Gott allein steuert und in sein eigenes, ewiges Leben einmünden lässt?«[150] Das scheint sich blauäugig auszunehmen und auf eine geradezu fahrlässige Blindheit vor KI-Entwicklungen hinauszulaufen. Aber träfe dieser Vorwurf Rahner tatsächlich? Er wusste vor mehr als zwei Generationen selbst, dass seine Überlegungen »ganz von ferne, ganz abstrakt etwas in Richtung auf die Selbstmanipulation des Menschen hin zu sagen […] versuchen.«[151] Er nahm an, dass eine »radikale neue Epoche […] am Kommen«[152] sei. Er lud dazu ein, »dass man (als Christ; S.K.) über diese Selbstmanipulation des Menschen nicht erschrecken«[153] sollte. Rahner weiß sich selbst herausgefordert: »Auf jeden Fall ist der Theologie von heute in einer dringlichsten Weise durch die kategoriale Selbstmanipulation des Menschen die Frage aufgegeben, was denn eigentlich und wirklich jenes Wesen des Menschen sei, *das* auch der Selbstmanipulation als Horizont und verpflichtende Grenze *vorgegeben* ist.«[154]

Exakt diesen vorgegebenen Horizont malt Rahner am Beispiel des Todes in nachdenklich machenden Farben. Das Christentum sage dem manipulierenden Menschen, »dass er unweigerlich in seiner Bewegung auf Gott vor ihm durch den Nullpunkt des Todes hindurch muss. […] Es wird *verdrängt*, was in diesem Äon das Leben lebendig hält und was allein das Tor des ewigen Lebens ist: *der Tod* und *die Bereitschaft zu sterben*. [...] Aber es bleibt wahr: die Selbstmanipulation und alle ihre realen und utopischen Ziele bleiben unter dem Gesetz des Todes und so auch des Unverfügbaren und Unmanipulierbaren. Ja es steigt diese Erfahrung des Todes [...] aus der Erfahrung der Selbstmanipulation selbst auf. Denn jede Planung, jedes vorentworfene und durchgerechnete System bringt, weil aus vorgegebenen, nie adäquat durchschauten Elementen aufgebaut, auch gleichzeitig neue Ungeplantheiten, neu Unverfügtes hervor. [...] Der Mensch [...] sieht seine Grenze: das Unmanipulierbare und den Tod, seinen Tod, mitten aus dem Manipulierbaren aufstehen. Und er wird immer fragen, ob dieses Unergründliche, das ihn umgibt, die Leere der absoluten Absurdität ist *oder* die Unendlichkeit des Geheimnisses der Liebe, die absolute Zukunft, die durch den Tod aufgeht, so dass der Mensch sich erst wahrhaft ganz erfunden, gefunden hat, wenn er dies annimmt, was schon immer möglich ist, auch wo die kategoriale Selbstmanipulation noch ganz am Anfang steht, und was immer noch die höchste Aufgabe bleibt, wo diese schon jetzt unausdenkbare Fortschritte gemacht hat.«[155]

Rahner macht in seinen Gedankengängen den Ort der menschlichen Manipulation, sagen wir, das heutige Drängen nach Verschmelzung von Mensch und Maschine, zum Ort der alternativen Erfahrung der letzten Absurdität *oder* der Unendlichkeit des Geheimnisses der Liebe. Auf welche Seite der Mensch sich immer schlägt, auf die Seite der Absurdität oder auf die Seite des Geheimnisses der Liebe, auf beiden Seiten verbleibt er im Horizont des Geheimnisses der Liebe Gottes. Findet sich das Hintergrundmotiv, die Sterblichkeit zu umgehen, jenseits der Verschmelzung von Mensch und Maschine in einer unverfügbar und uneinholbar geschenkten Liebe Gottes wieder?

Das Hintergrundmotiv: körperlose Zukunft

Die Bereiche, in denen sich die KI gegenwärtig mehr und mehr bewährt, ja unverzichtbar geworden ist, in der »Datenverwaltung« innerhalb verwaltungstechnischer Prozesse, in der Wirtschaft, in der Wissenschaft, im Bereich der Kommunikation, die stehen hier nicht in Frage. In ihnen ist die KI längst unabkömmlich geworden.

Hier geht es, wie im Vorausgehenden schon, um vorwärtsdrängende KI-Visionen, die über das bisher Bekannte hinaus wollen. An diesen Visionen zeichnet sich neben der Umgehung der Sterblichkeit so etwas wie die Entwertung der körperlichen Existenz des Menschen ab. Es scheint so etwas anzustehen, wie die Körperlichkeit des Menschen zu vernachlässigen und sie loswerden zu wollen. Denn sie trägt den Makel der Vergänglichkeit an sich. Es scheint sich um einen gewissen Eskapismus, um eine Flucht vor der Körperlichkeit zu handeln, nicht um darin in einem letztlich nihilistischen Zug die Existenz vollends dranzugeben, sondern um etwas vom Menschen zu retten, was losgelöst von Körperlichkeit zu retten möglich sein muss. Man sieht diese Möglichkeit in einer vorerst noch nicht realisierten, aber mit der Zeit durchaus für realisierbar gehaltenen Verschmelzung von Mensch und Maschine. Dabei stellt sich hier wieder die Frage, was hier unter dem Begriff »Mensch« verstanden wird. Lediglich eine Qualität der menschlichen Existenz, die nach dem Wegfall der Körperlichkeit durch die Verschmelzung seiner Intelligenz mit der Maschine von dieser substituiert wird?

Lebte darin nicht in neuer Form der alte Dualismus zwischen Leib und Geist/Seele auf, der lange Zeit einen vermeintlichen Grundpfeiler des christlichen Menschenbildes darstellte? Ich erinnere mich an meinen Kapuzinerbarockprediger des

17. Jahrhunderts,[156] mit dem ich mich damals abquälte, für den der Leib das Gefängnis der Seele war und für den es darauf ankam, sich ein Leben lang in diesem Gefängnis gut zu führen, um der Seele die Chance des Himmels offen zu halten. Selbstredend spielt nichts davon heute bei den KI-Visionären eine Rolle, aber gemeinsam ist beiden die abschätzige Bewertung der körperlichen Wirklichkeit. Nicht freilich in der Faktizität des tatsächlich gelebten Lebens, solange der Körper mitmacht. Sobald es aber um die Frage einer visionären Zukunft geht, denkt man daran, den Körper zurückzulassen, da mit ihm kein Staat zu machen sei. Das mag hart und anstößig formuliert sein. Die KI-Visionäre dürften im Blick auf diese Frage eher und weicher von Kollateralschäden sprechen, durch die man ihre Träume nicht desavouieren solle. Ihre Träume würden das priorisieren, was in der Verschmelzung von Mensch und Maschine vom Menschen bestehen bleibt. Aber was bleibt da bestehen?

Träumen sie nicht von einer Welt ohne Körper? Ohne menschlichen Körper, das versteht sich, da die anderen Gegenstände der Welt, zumal die Supercomputer ja nicht in Frage gestellt, sondern in ihrer Bedeutung neu konstituiert werden? Dieser beschränkte Blick auf den Menschen bezieht sich aber nicht erst auf die in Aussicht genommene »evolutionäre« Entwicklung. Das gelte schon für den jetzt lebenden Menschen. Die Theoretiker der starken KI träumen von einer Welt ohne Körper, die von logischen Folgerungen geregelt wird. Für Nick Bostrom und Co[157] sind »menschliche Wesen nur Gehirne auf zwei Beinen, Rechenmaschinen, die unabhängig von der Substanz sind, in die sie hineingeboren wurden.«[158] Gegenüber dieser These nimmt sich das barocke Bild des Leibes als Gefängnis der Seele geradezu harmlos aus. Der Mensch (bzw. das Gehirn des Menschen) überlebe in der Verschmelzung mit einer Rechenmaschine, er sei *unabhängig von der Substanz*, in die er als Mensch hineingeboren wurde. Fliegt einem hier nicht ein Substanzbegriff um die Ohren, der vollkommen substanzlos wird? Oder meldet sich darin ein Freud'scher Versprecher, der umso deutlicher macht, dass die Substanz, in die ein Mensch hineingeboren wird, tatsächlich in der Einheit von Leib und Geist bzw. von Leib und Seele besteht?

In der phantasievollen Ausrichtung auf eine in einer KI-Verschmelzung mit einer Maschine zu gewinnenden neuen/anderen Existenzweise des Menschen ginge sein Menschsein verloren. Hier bliebe seine Körperlichkeit und damit der Mensch als Ganzer auf der Strecke. Zum Menschsein gehört das »Embodiment«[159], das Körpersein. Der Geist des Menschen ist leiblich und sein Leib geistig/geistlich. Dem Körper kommt in der Konstituierung des Menschen eine zentrale Rolle zu. »Die Konstruktion des Geistes resultiert aus der Wechselwirkung unseres Nervensystems (das Gehirn, aber ebenso der Darm, unser ›zweites Gehirn‹) mit dem Rest des Organismus.«[160] Man spricht von der Homöostase zwischen Geist und Leib. »Ohne Homöostase […] keine Spannung, keine Neigung, kein Sinn, kein Projekt.«[161] Man muss nur an den Bereich der Emotionen denken. Es gibt geistige und körperliche Erregungen. Gefühle wie Glück, Freude, Liebe, Angst, Ekel, Zorn, Trauer sind geistige Gefühle mit einer deutlichen körperlichen Komponente. Umgekehrt betreffen unmittelbar körperliche Gefühle wie Hunger, Durst, Schmerz und ähnliches auch unsere geistige Ebene.[162] Unsere Gefühlswelt und unser Bewusstsein sind »um ein ›Ich‹ gruppiert, um ein Zentrum, das ich spüre, selbst wenn Hirnforscher und Philosophen es nicht dingfest machen können.«[163]

So fragt sich: Soll das, was wir ganzheitlich in unserer körperlich-geistigen Konstitution erleben, einfach so in sich gewesen sein und wie in sich geronnen zurückbleiben? Nicht bloß von uns vergessen (was dabei noch das allergeringste Problem wäre, weil Vergessen zum Leben gehört), sondern sollte es, wo doch an allem die körperliche Komponente, eine biographisch-historische Komponente beteiligt war, wo alles eine »Geschichte« hatte, sollte das alles wie nie gewesen, wie nie geschehen sein? Soll das alles die Person des Einzelnen nie wirklich geprägt haben, so dass es nicht der Rede, nicht der Bewahrung, nicht der Wertschätzung wert wäre? So dass all das in der KI-Verschmelzung des menschlichen Geistes mit einer Maschine keine Berücksichtigung fände und einfach zurückbleiben dürfte?

Die Bedeutung des Gemeinten sei an einem Beispiel des französischen Philosophen Bruno Latour erläutert: Wenn Liebesworte fallen, haben sie das Besondere an sich, »dass sie der Person, an die sie adressiert sind, Existenz und Einheit geben, welche sie nicht hatte. ›Ich fühle mich fern‹, ›Ich war gleichgültig‹, ›Ich war wie tot‹, ›Endlich sind wir zusammen‹, ›Wir sind uns sehr nahe gekommen‹. […] Welch größeres Unglück gibt es für jemanden, als nie von einem Liebeswort anvisiert worden zu sein: wie könnte er sich als Person fühlen, wenn er solche Gaben nicht empfangen hat? Wer würde sich als *jemand* empfinden, ohne in dieser Weise adressiert worden zu sein?«[164] Es sind Worte, »die Personen vom Fernen zum *Nahen* passieren lassen, vom Tod zum *Leben*. Sagen wir, um eine direktere Sprache zu verwenden, dass diese Worte diejenigen, an die sie sich richten, *auferwecken* im gewöhnlichen Sinne, dass sie sie wieder wach machen.«[165]

Es sind Erfahrungen der Liebe, des Glücks, der Begegnung mit Menschen, die uns alles bedeuteten, die Stunden des Lebens, in denen wir anderen zum Geschenk wurden oder in denen andere sich uns zum Geschenk machten. Ereignisse auch letzter bodenloser Trauer, bodenloser Zusammenbrüche, in denen wir nicht mehr als ein heulendes Elend waren usw. usf.: Sollen diese Erfahrungen alle zurückbleiben in der KI-Vision einer nicht mehr körperbasierten, sondern computerbasierten neuen Lebensweise? Zurückbleiben um den Preis, damit überhaupt nur »etwas« vom Menschen in eine phantasievolle KI-Zukunft gerettet wird?

Aber, könnten wir hier dagegen fragen, ist es denn aus der Sicht des natürlichen Todes, den auch der Christ/die Christin stirbt, nicht eher noch schlimmer, noch aussichtsloser? Wo bleiben da die besseren Antworten? Womöglich die verlässlicheren?

Woran sollte hier Verlässlichkeit gemessen werden? Eher sollte hier das ins Spiel kommen, wovon eben im den Einzelnen in seiner Existenz berührenden und ihn aufbauenden Wort die Rede war: *von der Liebe* und zugleich irgendwie auch *vom Tod.* Und zwar einer Rede nicht im Stil einer Information, einer nüchternen Ansage, sondern im Sinn der Erschütterung der Seele.[166] Das alles, was mein Leben war, die prägenden Kräfte der Liebe, die immer wieder nach oben kamen wie ein Geschenk, all das, was ich nicht missen möchte in meinem Leben, auch das, was mich belastet, was ich gern ungeschehen gemacht hätte – all die reiche Fülle meines, eines Lebens, das wird im Nullpunkt des Todes nicht abgefackelt wie der *Burning Man.* Sondern die Fülle bzw. die Leere bringe ich mit in den Nullpunkt meines Todes, wodurch sie, das heißt, mein ganzes Leben in seiner körperlich-geistigen Konstitution, angenommen und verwandelt wird in ein neues anderes Leben. Darauf kommt es an: dies zu vermitteln nicht als Information, sondern als Erschütterung, um die Seele sozusagen erschauern zu machen vor der Geheimnistiefe der eigenen Existenz. Hier geht es nicht um Information, nicht um Wissen, sondern zuletzt um Erschütterung.

Ob nicht letztlich die KI-Visionäre in ihren Ideen um eine ähnliche Erschütterung des Lebens ringen? Gefunden hat sie wohl noch kaum einer, weder der Theologe/die Theologin, noch der Christ/die Christin, noch der KI-Visionär/die KI-Visionärin. Richtung weisend in die Erschütterung können Worte des Lebens sein, die uns aus der heiligen Schrift entgegenkommen, wenn wir lernen, sie so zu vernehmen, dass sie uns erschüttern: »Ich bin der Weg, die Wahrheit und das Leben« (Joh 14,6). »Ich bin gekommen, damit sie das Leben haben und es in Fülle haben« (Joh 10,10). »Dieses Verwesliche muss sich mit Unverweslichkeit bekleiden und dieses Sterbliche mit Unsterblichkeit« (1 Kor 15,53).

Das Hintergrundmotiv: Unverwundbarkeit

Ein letztes Hintergrundmotiv der KI-Visionäre besteht möglicherweise darin, ein Leben in Unverwundbarkeit anzustreben. Dieses Motiv ist eng verbunden mit den Motiven, der Sterblichkeit und der Körperlichkeit des Lebens zu entkommen.

Im Sommer 2022 wächst sich das Gefühl der Verwundbarkeit zu einem gesellschaftsweiten Syndrom aus. Da gibt es seit Monaten den Krieg in Europa, da versetzt uns die immer noch nicht bezwungene Corona-Pandemie in Unruhe, da sehen wir ganze Waldregionen brennen, Flüsse austrocknen. Der Klimawandel ist nicht mehr in Abrede zu stellen, dazu noch die Energiekrise, vor uns vielleicht ein kalter Winter bei schlecht wärmegedämmten Wohnungen, die Hungerkrise in vielen Regionen der Erde, die besorgniserregende Verteuerung der Lebenskosten. Und dazu die gespürte Verwundbarkeit, durch Waffenlieferungen an die Ukraine den Vergeltungszorn Putins auf unser Land zu ziehen.

Die aktuell gesellschaftlich empfundene Verwundbarkeit scheint die aktuelle Aufgipfelung dessen zu sein, dem die KI-Visionäre ganz prinzipiell zu Leibe rücken wollen; »zu Leibe rücken« ganz wörtlich genommen. Man will der Verwundbarkeit des Lebens entkommen. Der Traum neuer Existenzweisen menschlicher Existenz in Gestalt einer KI-Verschmelzung mit und einer KI-Koppelung an Supercomputer – könnte er einen Ausweg weisen?

Da stellt sich wieder, wie eben schon, die Frage, ob wir so nicht das Grundverständnis unserer Existenz verstümmeln, wenn wir sie als eine *un*verwundbare Existenz entwerfen?

Zurzeit lernen wir, unseren Blick auf vulnerable Gruppen zu werfen. Diese Gruppen scheinen so anzuwachsen, dass kaum noch Nichtvulnerable übrigbleiben: die Senioren und Seniorinnen in den Altenheimen, die an Long Covid Leidenden, die Schüler und Schülerinnen, die infolge der Lockdowns viel Lernstoff nachzuholen haben, die an sozialen Kontakten leiden, psychische Probleme aufweisen, Selbstständige, die ihren Betrieb, ihr Geschäft nicht mehr weiterführen können, Einkommensschwache, die nicht mehr über die Runden kommen, die von der »Tafel« leben usw. usf. Gegenüber diesen realen Alltagsproblemen erscheinen die Phantasien der KI-Visionäre geradezu als elitär. Gleichwohl bleibt für sie die Verwundbarkeit der menschlichen Existenz der »Stachel im Fleisch«, den sie loswerden wollen. Aber wogegen kämpfen sie da an? Welche Träume träumen sie im Traum vom Ende aller Vulnerabilität?

Man muss kein Miesepeter sein, wenn man dagegen Bedenken erhebt, wenn man an der Vulnerabilität als einer Existenzform des Lebens festhält, an die man nicht wie an eine elektronische Fußfessel gefesselt ist, sondern innerhalb derer man Siege und Niederlagen und aus den Niederlagen wiederum

Siege ableiten kann. Bruno Latour wählt in seinem Buch *Jubilieren* das Beispiel eines Paares, wo der Mann von seiner Partnerin vor die Frage gestellt wird, ob er sie liebe. Der Mann antwortet: »Aber ja, du weißt es doch, ich habe es dir letztes Jahr schon gesagt.« Mit dieser Antwort hat der Mann »das liebevolle Ersuchen als Informationsfrage aufgefasst, ganz, als hätte er vor, mittels eines Dokuments, einer Karte, durch den Zeit-Raum hindurch einen Weg zum entlegenen Territorium jenes Tages zu zeichnen, an der er offiziell seine Liebe erklärte. [...] ... die Freundin fragte ihn ja nicht, ob er sie geliebt *habe*, sondern ob er sie *jetzt* liebe. Dies ist ihr Ersuchen, ihre flehentliche Bitte, ihre Herausforderung.«[167] Hier geht es – im Bereich der Liebe – um einen Bereich, in dem wir ebenso berührbar wie verletzbar sind. Und wir wären nicht verletzbar, wenn wir nicht berührbar wären. Vulnerabilität ist die andere Seite unserer Berührbarkeit. Und es wäre ein Verlust, wenn wir diese Seite nicht an uns hätten. An ihr können wir zur größeren, echten, großen Berührbarkeit reifen.

Das steht hier nur als Beispiel, wie arm unser Leben ohne Verletzlichkeit, ohne Vulnerabilität wäre. Es geht nicht um den einen großen Schritt, um in totaler Versöhnung *mit allem* und so in Unverletzlichkeit zu leben. Das wäre ein im wahrsten Sinn unzumutbar kalter Lebensmodus.

Man darf, ohne den Eindruck erwecken zu wollen, dass uns diese Verwundbarkeit positiv zu leben je gelänge, und ohne damit von unserem Misslingen ablenken zu wollen, zumindest als im Glauben suchender Mensch auf *die Person des Jesus von Nazaret* hinweisen. Nicht in der plumpen Absicht, um KI-Visionären seine Gestalt überzustülpen, die sich überhaupt erst im Glauben zu erschließen beginnt. Andererseits: Wer sollte uns eigentlich darin so sicher machen, dass KI-Visionäre mit der Gestalt Jesu nicht das Mindeste zu tun haben können? Wir stellen hier auf eine besondere Perspektive ab, auf die Umstände seines Lebens, das, jedenfalls nach dem Lukasevangelium, mit einer Risikoschwangerschaft begann, mit einer Geburt in einem Stall, mit einer Flucht nach Ägypten vor der Unberechenbarkeit Herodes des Großen. Die Verwundbarkeit scheint sein Leben vom Beginn seiner Lebenstage an zu begleiten.[168] Sein Leben war der äußersten Kontingenz ausgesetzt. Und das als das Leben dessen, der als Befreier, als Erretter aus den prekären Lebensverhältnissen auftrat. Setzt das nicht ein Rufzeichen, »dass Verletzbarkeit eine universelle Dimension des Lebens ist,«[169] an der man scheitern kann, an der man aber auch reifen kann? Ohne Verletzbarkeit, ohne Vulnerabilität keine tiefere Berührbarkeit bis hinein in die unauslotbaren Erschütterungen der Liebe, des Glücks, der Dunkelheit, des Zweifels, der Verzweiflung an allem.

In diesen Überlegungen ging es nicht darum, einen Graben zu KI-Visionären zu ziehen, nicht darum, ein Konfliktpotenzial aufzubauen, ebenso wenig darum, in der KI unabwendbare apokalyptische Sturmgewitter aufziehen zu sehen. Es geht eher darum, bei aller Perspektivendifferenz für einander offen zu werden und zu bleiben und miteinander ins Gespräch zu kommen. Die angedeuteten Hintergrundmotive, wenn sie denn halbwegs zutreffen, geben dazu genug Anlass.

8. Wider das Kontrast-Denken von Glaube und KI-Visionen

Es mag im Vorausgegangenen mitunter der Eindruck eines starken Kontrastes zwischen christlichem Glauben und KI-Visionen aufgekommen sein. Vor allem im Zusammenhang der posthumanen KI-Ziele. Dieser Eindruck darf aber nicht als sozusagen letzte Glaubensbastion gegenüber heutigen bzw. zukünftigen KI-Visionen im Raum stehenbleiben. Eine Vielfalt von Aspekten ist hier zu bedenken, die nun zu Wort kommen sollen.

Entgrenzter Glaubens- bzw. Religionsbegriff

Bis zum Zweiten Vatikanischen Konzil konnte man den Eindruck haben – ich sage es in einer gewissen Lockerheit –, nur die römisch-katholische Kirche bewahre in sich den einzig wahren Glauben, alle anderen christlichen Religionsgemeinschaften hätten daran nur geringen Anteil. Die Religionen der Welt aber gingen, abgesehen von sporadischen Lichtpunkten, im Ganzen eher leer aus. Das Konzil hatte vorsichtig genug erklärt, dass andere Religionen in ihren Glaubensinhalten

»Wahres und Heiliges« enthielten, was von der Kirche anerkannt werde. Inzwischen hat der vom Konzil eingeleitete Perspektivenwechsel Fahrt aufgenommen (trotz aller sich immer wieder vernehmbar machender Gegenstimmen), so dass der spanische Theologe Andres Torres Queiruga mit guten Gründen »ausdrücklich von der Gegenwart der Offenbarung *in allen Religionen*«[170] sprechen konnte. Innerhalb des christlichen Glaubens rückte man von der Vorstellung ab, man habe in der von Gott ergangenen Offenbarung sozusagen in die Welt Gottes selbst »geschaut«. Der Glaube nimmt keinen »Gottesgesichtspunkt«[171] bzw. keinen »außerweltlichen, außermundanen Gottesstandpunkt«[172] ein. Darüber hinaus richtet sich die Offenbarung nicht nur an eine Gruppe Auserwählter, etwa nur an die Gruppe der Menschen, aus der das Christentum erwuchs. Die Offenbarung Gottes richtet sich an *den Menschen*.

Nach Bruno Latour, dem 2022 verstorbenen französischen Soziologen, wäre die Welt des Religiösen, des Christlichen falsch verstanden, würde man sie für eine für alle Zeit klar definierte Substanz halten. Eine im ersten Moment leicht irritierende These. Aber Latour macht mit einem geschärften Blick auf eine typische Schwäche des Verständnisses der christlichen Religion aufmerksam. Er beklagt an ihr, dass sie »sich nicht durch einen originellen Typ der *Subsistenz* (kursiv; S. K.), des Risikos, definiert, sondern im Gegenteil durch die oft verzweifelte Suche nach einer Substanz, einer Garantie, einem Substrat.«[173] Das hört sich für unsere Ohren ungewohnt an. Im christlichen Glauben gehe es doch im Kern, in der Substanz um das Heilsereignis in Jesus Christus. Dem stimmt Latour zu, nur nicht der Markierung dieses Heilsereignisses als *Substanz*. »… was heute als Religion durchgeht, kann nur einen besonders enttäuschenden Avatar der Suche nach Unveränderlichkeit, nach dem Unbestreitbaren, Höchsten, Idealen bieten. Man hat aus dem Religiösen [...] die Suche nach dem Absoluten gemacht und den [...] Zugang zum Jenseits.«[174] Dass Latour hier von einem *Avatar der Suche nach dem Absoluten* spricht, deutet bereits die Leere und das Gekünstelte dieses Verständnisses des Religiösen an. Noch einmal, es mag uns irritieren, uns von einem Philosophen und seinen Sätzen so in unserem Glauben in Frage gestellt zu sehen. Aber Latour trifft den Kern. Er fasst den Kern des christlichen Glaubens in den Wechsel vom Begriff der Substanz zum Begriff der Subsistenz.

Subsistenz

Was meint dieser Begriffswechsel bei Latour? Worauf zielt er ab? Es mag sich wie ein idealisierter philosophischer Gedanke Latours ausnehmen, aber er trifft sozusagen eine Wunde des Christlichen. Im Christlichen geht es nicht um eine von der Tradition übermittelte Information über das Heilsereignis in Jesus Christus, die man als Information ausgerichtet bekommt und mit der man als bloßer Information umgeht. Man nimmt sie zur Kenntnis, wie Karl Rahner einmal sagte, wie man zur Kenntnis nehmen kann, dass es irgendwo die Fidschi-Inseln gibt. So wäre man mit dem christlichen Glauben wie mit einer ausgehärteten Substanz umgegangen. Dem fehlte aber, was erst vom Begriff der *Subsistenz* eingeholt wird. Subsistenz transformiert eine Information ins Leben, sie einverleibt sich die Information und kommt so erst auf ihren Geschmack, auf ihre ganze Qualität. Sie will nicht nur vom Verstand wahrgenommen werden, sondern die Seele berühren. Des Näheren versteht Latour unter Subsistenz einen Prozess, in dem der

Mensch *aus* der Berührung mit der christlichen Botschaft *den eigenen Selbststand* gewinnt. Nicht, um ihn in einem einzigen Schritt gewonnen zu haben, sondern um nach ihm in den Wechselfällen und Niederlagen des Lebens im »unaufhörlichen Wiederaufgreifen des Wortes«[175] immer wieder zu greifen.

Latour illustriert das am Beispiel von Liebesworten, die einer Person, »an die sie adressiert sind, Existenz und Einheit geben.«[176] Latour zeigt sich selbst ein wenig überrascht von der Ähnlichkeit »zwischen dem Vokabular der Interaktionen zwischen Liebenden und dem (Vokabular) der [...] ›Offenbarungs‹-Religion«.[177] In dieser Ähnlichkeit markiert er den Charakter der Offenbarung als einen Prozess der *Berührung* und nicht bloß als einen Prozess der Information. Latour verdeutlicht das an der Verkündigung des Engels an Maria. Das war für sie nicht die Stunde einer Information, es war die Stunde der Erschütterung ihrer Seele, ihres Lebens.

Es geht also immer wieder um die Wiederaufnahme *des Wortes*. Kluge und Gelehrte aber tendieren dazu, die Botschaft der Offenbarung im »Buchstäblichen« zu erschließen und sind dabei eher damit beschäftigt, sie zu *ver*schließen. Das führt dazu, dass das Wort »nicht fließt, dass es ohne Deformation Buchstäbliches transportiert, dass es von etwas spricht, *was selbst nicht spricht*, oder dass es Worte von sich gibt, die nicht diejenigen retten, die sie hören.«[178] Unter dieser Perspektive sagt Latour, dass sich die Offenbarung *»keiner Substanz* anvertrauen kann, um sich der Kontinuität im Sein zu vergewissern.«[179] »Das Wort ›Gott‹ soll [...] keine Substanz bezeichnen, sondern die Wiederaufnahme einer ständig riskanten Subsistenz.«[180] Gott als ständig riskante Subsistenz!

Latour scheut hier nicht vor dem Wort »Deformation« zurück. Wir konnotieren es gewöhnlich negativ als Einbuße, als

Mangel an etwas, was zur Vollständigkeit einer Sache gehört. Bei Latour aber hat Deformation die positive Bedeutung einer *neuen Formation*, nicht einer *Re*-Formation im Sinne einer rückwärtsgewandten Suche, sondern einer *Performation* im Sinn einer Folge von Schritten in die Richtung, aus der der Mensch von Gottes Offenbarung berührt wird. Performation verstanden in der Bedeutung der linguistischen Rede von Performation, die nicht eine Wirklichkeit herstellt im Sinn ihrer Herstellung, ihrer Produktion, sondern sie »her-stellt« im Sinn ihrer *Repräsentation*. Diese Deformation sieht sich von den wechselnden Kontexten des Lebens herausgefordert zu immer neuen Deformationen, in denen – so paradox das klingt – über Diskontinuitäten die Kontinuität der Offenbarung je neu gewonnen wird.

Von diesem Verständnis der Subsistenz bzw. von diesem Berührungsmodell Latours her ist es nur ein kleiner Schritt zur Einsicht, die das Zweite Vatikanische Konzil in der Pastoralkonstitution *Gaudium et spes* formuliert hat. Das Volk Gottes bemüht sich, »*in* den Ereignissen, Bedürfnissen und Wünschen, die es zusammen mit den übrigen Menschen unserer Zeit teilt, zu unterscheiden, was darin wahre Zeichen der Gegenwart oder der Absicht Gottes sind« (GS 11). Gegen diese Formulierung scheint es in der Konzilsaula Bedenken gegeben zu haben, weil sie den Eindruck erwecken konnte, die Offenbarung verlagere sich hier ins Subjekthafte. Sie verliere ihren substantiellen Charakter. Manche Konzilsväter schienen aus der Hervorhebung der Ereignisse, der Bedürfnisse und Wünsche der Menschen als Ort der Berührung mit der Offenbarung eine Abschwächung der Verbindlichkeit biblischer Aussagen herausgelesen zu haben.

Bruno Latour fokussiert die Offenbarung in der Alltagswirklichkeit. Er legt den Finger in die Wunde, den Bezug zur Transzendenz *in* der Transzendenz und nicht in der Immanenz zu suchen. Sollen Immanenz und Transzendenz tatsächlich örtlich wie zeitlich getrennte »Räume« sein?

Für den christlichen Glauben ist doch die Inkarnation, die Mensch- bzw. Fleischwerdung des Gottessohnes die zentrale Glaubensaussage! Freilich schließt sich hier sogleich die Frage an, ob diese Glaubensaussage in dieser Formulierung den Menschen von heute noch anspricht. Was drückt sie für ihn aus? Latour nimmt diese Problematik zum Anlass, uns auf einen entscheidenden Punkt aufmerksam zu machen. Er stellt die frappierende These auf: »Was am Appell zum ›Übernatürlichen‹ so unangenehm ist, ist, dass man damit sofort das ›Natürliche‹ akzeptiert.«[181] Eine im ersten Moment überraschende, irritierende These. Sie stellt in Frage, ob das Natürliche, was sich in unseren Lebenserfahrungen abspielt, ob uns das tatsächlich so vertraut und bekannt ist, wie wir es gewöhnlich meinen. Kann es sein, dass wir eine Zäsur machen zwischen dem Natürlichen und dem Übernatürlichen? Heute in der Form, dass das Übernatürliche sozusagen keine nennenswerte Rolle mehr im Leben spielt? Früher eher in der Zäsur – die manche Orationen der Liturgie immer noch vertreten –, dass man das Übernatürliche mehr schätzen solle als das Natürliche? Beiden Zäsuren stellt Latour die exemplarische These entgegen, dass Liebesworte zwischen Liebenden der Ort sind, *an dem* Rettung und Heil geschehen, *an dem* die Wirklichkeit der Offenbarung Platz greift. Die Offenbarung trifft auf den Menschen *in* seinem wirklichen Leben auf.

Fragilität als Profil des Religiösen

Das zweite Stichwort zur Charakterisierung des Religiösen lautet bei Latour: Fragilität als Profil des Religiösen. Es schimmerte schon in den bisherigen Überlegungen durch, dass das Religiöse nicht etwas in sich Geschlossenes und damit endgültig Formuliertes sein kann. Dem Religiösen ist die Aura der Fragilität eigen. Latour formuliert es noch herausfordernder: *Fragilität* sei das Anforderungsprofil des Religiösen.[182] Das sollte nach seinen Überlegungen zur Subsistenz nicht überraschen. Denken wir nur an Latours These: »Das Wort ›Gott‹ soll [...] keine Substanz bezeichnen, sondern die Wiederaufnahme einer ständig riskanten Subsistenz.«[183]

Fragilität als Anforderungsprofil des Religiösen! Da mag sich mancher querstellen, für den der christliche Glaube eher ein Fels in der Brandung ist. Ein Fels, an dem alles Böse, alles Halbe, alles Indifferente abprallt. So wurde (und wird mancherorts gelegentlich noch heute) von der Kirche als einem Haus gesungen, das »ein Fels trägt und hält, eng Stein mit Stein verbündet; Gott hat es hingestellt. Der Hölle Mächte toben, gewaltig ist der Bund; das Haus steht ruhig oben auf seinem Felsengrund.«[184] Wenn sich die Kirche als Institution als dieser Fels versteht, dann dürfe sich auch der Glaube des Einzelnen nicht weit von diesem Fels-Symbol entfernen. Heute freilich mag man dieses Lied kaum noch singen, ohne eine leichte Stimmbandlähmung oder ähnliches zu riskieren. Fragilität? Ja, aber leider zeigt sich die Kirche heute unter einer anderen Fragilität: unter der Fragilität der Angst um ihren weiteren Bestand. Dieser Beschäftigung der Kirche mit sich selbst geben viele den Abschied. Sie geben ihr den Abschied, ohne damit dem Glauben den Abschied zu geben. Wäre es für sie nicht eine Hilfe, wenn für sie deutlicher würde, dass Fragilität ein Anspruchsprofil des Religiösen ist? Die Fragilität, von der Latour spricht, ist kein billiges Zugeständnis, ist kein Glaube zu herabgesetzten Preisen. Sie nimmt uns in Anspruch.

Das gerade Gegenteil ist der faktische Anspruch, den Schatz des Glaubens »unversehrt zu erhalten.«[185] Zum Religiösen gehört das Risiko der »Wiederaufnahme« der Tradition, um sie in aktuellen Kontexten (Ereignissen, Bedürfnissen, Wünschen) neu zu gewinnen. In einer sehr scharfen Formulierung sagt Latour, um nicht missverstanden zu werden: »Das Religiöse ist die Relation oder besser der *Relativismus der Interpretationen*.«[186] Damit will Latour nicht in den Sumpf eines Relativismus abdriften,

dem letztlich alles egal ist. Sein Relativismus gründet in der Perspektivendifferenz, in der Perspektivenvielfalt, unter der um das Leben, um das christliche Leben gerungen wird. Eine Fragilität also, die in den Lebenserfahrungen der Menschen begründet liegt. Der anstößige Satz von Latour, dass man vom Übernatürlichen her »das Natürliche akzeptiert«, war kritisch-ironisch gemeint. Man verstehe das Natürliche zu wenig als Ort des Übernatürlichen.

Das ist aber nur der eine Aspekt der Fragilität. Den anderen Aspekt liefern die überlieferten Inhalte des Glaubens selbst. Es ist die Fragilität, die die Inhalte der Bibel über die Jahrhunderte bis heute an sich tragen. Auf sie reagieren wir eher mit einem Kopfschütteln als mit Nachdenklichkeit. Aussagen der Heiligen Schrift, die mit sich selbst nicht konform zu gehen scheinen, die man eher mit einem Stirnrunzeln vernimmt als von ihnen zu einem Moment der Aufmerksamkeit angehalten zu werden. Zum Beispiel: »›Die Zeit ist erfüllt‹, während die Zeit weitergeht. ›Gott ist da‹, während er kommt; ›Gott wird kommen‹, während er gekommen ist«: Das ist eine »Kette von Reprisen, Konversionen, Reinterpretationen, Neuerungen«[187] und ähnlichem. Was sollen wir davon halten? Welche dieser gegensätzlichen Positionen gelten? Man kann noch hinzunehmen, dass es von Gott heißt: Gott, der ist, der war und der kommen wird.

Spricht aus all dem nicht eine Fragilität, die die ganze Welt des Glaubens in Frage stellt? So dass sie keiner Beachtung mehr wert zu sein scheint? Aussagen scheinen sich zu widersprechen, so dass nicht beide gültig sein können. »Die Zeit ist erfüllt« heißt es in Mk 1,15. Und dem gegenüber heißt es in Mk 13,33: »Ihr wisst nicht, *wann* die Zeit erfüllt ist.« Da ist nicht von unserem Zeitbegriff die Rede, wenn wir fragen, wie spät es sei. Das Markusevangelium spricht von der Heilszeit in Christus, es spricht griechisch vom »kairos«. Zum »kairos« gehören die Spannung und der Kontrast, die der Glaube über zwei Jahrtausende bewahrt hat: Die Zeit ist erfüllt, und sie ist zugleich weiter unterwegs. Ähnlich Gott: Er ist da, während er kommt. Man denke an Mose, der in der Vision am Dornbusch Jahwe nach seinem Namen gefragt hat (vgl. Ex 3,14). Auf diese Frage erhält Mose sozusagen eine abweisende Antwort: Was fragst du mich nach meinem Namen, als wolltest du über mich verfügen? Die Antwort Gottes ist kein Name, seine Antwort ist die Zusage seiner Gegenwart: Ich bin da. Das ist keine philosophische Ansage über sein Sein, über ein »es gibt mich«, was immer das dann heißen mochte. Es war die Ansage seiner Gegenwart im Leben der Menschen: Ich bin für euch da. Mose wäre aus dieser Szene sicher lieber mit einem klareren, mit einem eindeutigeren, mit einem griffigeren Gottesbild herausgekommen. Da war für ihn und für das alttestamentliche Gottesvolk erneut die Fragilität des Glaubens gefordert. Das »Ich bin für euch da« ist wissenschaftlich-empirisch nicht messbar, es handelt sich um eine transzendental-semantische Gegenwart, vor der unsere menschlichen Kategorien alle zerbrechen, versagen. Das Religiöse passt sich nicht in unsere Kategorien der Wirklichkeit ein, aber es fügt einen Faden hinzu, der »seine besondere Interpretation der Tonalität (hat). […] Die Zeit ist *erfüllt, trotz* und *dank* dem Vergehen der Zeit.« [188]

Das alles wird in der christlichen Religion transportiert als innerer Kontrast, den die Theologie – um auf das Kommende vorzugreifen – gegenüber den KI-Visionären und KI-Visionen nicht in einer Wagenburgmentalität verleugnen darf, indem sie ihre eigene Fragilität gegenüber der digitalen Welt nicht zur Sprache bringt. Sie muss sie deutlicher, mutiger zur Geltung bringen. Mir gab diesbezüglich der israelische Lyriker Elazar Benyoetz zu denken, der von Gott als seinem »eingezweifelten Gott« spricht. Ein »eingezweiflter Gott«: eine ähnliche Situation wie am Ende des Matthäusevangeliums, wo es beim Abschied Jesu heißt: »Einige aber zweifelten« (Mt 28,17). Für Benyoetz ist der »eingezweifelte Gott« ein Markenzeichen, dass der Glaube bei bleibender Spannung das schlechthin nicht zu Erschütternde ist: »Alle Sicherheit schwankt im Glauben, nicht woanders: *das* ist seine Festigkeit.«[189] Da kommt Benyoetz der Fragilität als Anspruchsprofil des Religiösen ganz nahe.

KI-Visionen: säkulare Erlösungsphantasien?

Zugegeben, wir befassten uns längst nicht mit der ganzen, unübersehbar gewordenen Breite der digitalen Welt, mit ihren vielen Vereinfachungen und Erleichterungen des täglichen Lebens, vor allem der täglichen Kommunikation über Smartphone, Twitter und dergleichen bis hin zu Donald Trumps sozialem Netzwerk »Truth Social«, das einem Sorgenfalten auf die Stirn zeichnen kann. Wir hatten mehr die Ideen der KI-Visionäre vor Augen, die man heute in den Begriff des Posthumanismus fasst.

Es kann schon der Eindruck aufkommen, die Verhärtung des Religiösen trage ihrerseits zur Genese der posthumanen KI-

Visionen ein Stück weit bei. Wahr ist, dass die Bedeutung der religiösen Rede verfällt, dass Religiöses an der Oberfläche gelebt wird, ohne dass noch viel dahinter wäre. Dann nimmt es nicht wunder, dass das, worum es im Religiösen geht, sich neue Artikulationsformen und neue Orte sucht. Es kommt vielleicht zu Verschiebungen, zu Verlagerungen bis hinein in KI-Visionen, ohne dass diese ausdrücklich religiös eingefärbt sein müssen.

Es kann also sein, dass religiöse Aspekte in der Camouflage der KI-Visionen eine Rolle spielen, sodass die Position eines bloßen Kontrasts zwischen Glaube und posthumanen KI-Visionen der Sache nicht gerecht würde. Oder sollte es sich bei posthumanen KI-Ideen um puren Missbrauch, gar um ein Lächerlich-Machen des Religiösen handeln?

Die Kontingenz des Lebens

Dem treten wir näher, wenn wir die Frage stellen, auf *welches Problem* (oder im Plural, auf welche Probleme) die posthumanen KI-Ziele eine Antwort suchen? Ich bündle die Antwort in einen einzigen Begriff: es geht um die *Kontingenz des Lebens*. Man mag sich an Bruno Latours ironischen *Avatar* erinnern, der sich nach Unvergänglichem, nach Idealem, nach Höherem ausstreckt. Man reibt sich an der Grenze der Sterblichkeit und sucht nach der Möglichkeit, dieser Grenze zu entkommen.

Ray Kurzweil, der schon wiederholt genannte Vordenker posthumaner KI-Ziele, träumt von einer Verschmelzung seines Gehirns mit einem Supercomputer, um so irgendeinen Anteil an einer Zukunft eröffnenden neuen Existenzweise zu haben. Das hat bei ihm Züge einer parareligiösen Verheißung an sich. Er spricht von der Vision, »auf die mit zahlreichen Nachteilen behaftete Protochemie unseres Körpers zu verzichten. Um unsere Zellen neu zu erfinden, werden wir auf eine der wichtigsten Technologien des 21. Jahrhunderts zurückgreifen: die *Nanotechnologie.*«[190] Es ist, als würde Kurzweil in Analogie zu Latours positiver Deformation des Religiösen an eine positive Deformation des Menschen in eine neue Existenzweise denken. Drückt sich darin eine uralte religiöse Sehnsucht des Menschen nach Sein, nach Bleiben aus, die hier die Gestalt annimmt, in in Aussicht genommenen KI-Schritten eigenmächtig erreicht zu werden?

Muss man bei solchen Vorstellungen posthumaner KI-Ziele, sofern sie halbwegs deutlich geworden sind, das Buch zuschlagen? Muss man sagen, bei ihnen laufe alles in die falsche Richtung? Da gehe nichts mehr? Die posthumanen KI-Ziele sind nicht vom Himmel gefallen. Sie verdanken sich bestimmten Kontexten, bestimmten Entwicklungen der Wissenschaften und anderen Einflüssen, die in Latours Analyse der Situation des Religiösen zur Sprache kommen.

Michel de Certeau und Bruno Latour als Impulsgeber

Um uns der theologischen Herausforderung durch posthumane KI-Ziele zu stellen, greife ich auf Überlegungen Bruno Latours und auf den Begriff der Mystik zurück, wie ihn Michel de Certeau in seinen Schriften entwickelt hat.[191] In der Tat, ohne die Anregungen Bruno Latours und die Ausführungen Certeaus wäre ich nicht auf den Gedanken gekommen, das Gespräch mit den posthumanen KI-Zielen zu suchen. Ich sehe mich dazu umso mehr ermutigt, als Michel de Certeau in der Mystik keine historisch erloschene Formation des Glaubens erblickt, die ihre Zeit gehabt hat, und als Bruno Latour uns bewusst macht, dass ein Dialog mit den KI-Visionären ohne die Berücksichtigung der Subsistenz und der Fragilität des Glaubens kaum in Gang kommen wird. Dabei geht es nicht um einen Dialog über den allgemeinen Glaubensverlust und seine Folgen, sondern über den Problem-Ausschnitt *posthumaner KI-Visionen*. Der aber setzt voraus, den Kontext im Auge zu behalten, in dem sich posthumane KI-Visionen entwickeln, reifen und gedeihen können.

Daniel Bogner hat in seinem Nachwort zur *Mystischen Fabel* Certeaus zu denken gegeben: »Der Rollenwechsel, dem die Religion im Zuge der Herausbildung eines modernen Wissensparadigmas unterliegt, bedeutet noch nicht, dass es nicht weiterhin Praktiken und Handlungsweisen geben könnte, die als ›Glaubenspraktiken‹ gelten. Diese sind allerdings nicht mehr länger auf den Bereich der institutionalisierten Religion oder eine religiöse Nomenklatur angewiesen; sie haben sich von einer religiösen Sinngebung emanzipiert und können in der gesamten Breite der sozialen Wirklichkeit wiedergefunden werden.«[192]

Den Mystikerinnen und Mystikern des 16. und 17. Jahrhunderts war es eigen, wie Certeau aufzeigte, sich angesichts von Einwänden und Verdächtigungen gegen den Vorwurf zu wehren, sie würden die Glaubenstradition in Frage stellen. Der überlieferte Glaube verfügte damals über wenig Glaubwürdigkeit, französisch über wenig *croyance*. Mit einem inhaltlich ganz anderen, aber ähnlich drängendem Problem sehen sich heute posthumane KI-Visionären konfrontiert.

Ray Kurzweil teilt die Überzeugung: »Die bedeutendste Schöpfung der Evolution – die menschliche Intelligenz – stellte die Mittel bereit für den Eintritt ins nächste Stadium der Evolution, das Stadium der Technik. […] Als nächster Meilenstein wird eine Technologie entstehen, die ohne menschlichen Eingriff ihre eigene Folgegeneration erschafft.«[193] Die Zielperspektive der KI-Technokraten greift auf Neues aus, auf ein Stadium der Technik, in dem die Technik in einer posthumanen Welt das Sagen hat. Nicht, dass darüber der Mensch verschwinde, seine Situation scheint sich zu verändern. Wobei die KI-Pioniere darin keine negative Wirkung sehen. Posthuman heißt für sie nicht, sozusagen traurig auf die vom Menschen gestaltete Welt zurückzublicken. In ihrem Posthumanismus schwingt ein evolutionär/revolutionärer Anspruch auf ein verändertes Menschsein mit.

Endlich frei zu sein von der Kontingenz des Lebens, von der Bedrohung durch Krankheit, Hunger, Krieg und Unterdrückung einschließlich eines zu frühen Todes. Diese hoffnungsvolle »Dimension des Posthumanismus zieht seine Befürworter an und fasziniert sie wegen der radikalen und pluralen Neuartigkeit, die er (sc. der Posthumanismus; S.K.) fördert und umarmt.«[194]

Der Physiker Michio Kaku gibt sich überzeugt, »dass wir bis zum Jahr 2100 wie die Götter geworden sind, die wir einst verehrt und gefürchtet haben.«[195] Und der Philosoph Yuval Harari vertrat beim Internationalen Weltwirtschaftsforum in Davos 2018 die These, dass es der Wissenschaft gelingen werde, dass das Leben in das Reich des Anorganischen vordringe.[196] Ralf Otte hingegen sieht im Transhumanismus[197] den neuen Zeitgeist, »der von den Giganten der Tech-Industrie in die Welt gesetzt wurde.« Es handle sich um einen »ultimative(n) technologische(n) Start eines grausamen Inhumanismus.«[198] Viele KI-Forscher gingen davon aus, »dass die Evolution der Menschheit an einem Wendepunkt angekommen ist, und nun eine neue Spezies, ein Mensch-Maschinen-Monster, die Evolution anführen und fortsetzen wird.«[199] Das alles sei ein absurder *human enhancement*, eine Steigerung »ungesunde(r) Ideen von Technokraten«.[200]

Diese scharfen Bedenken Ottes stelle ich in keiner Weise in Abrede. Nur denke ich, stehe es für die Theologie an, davor zu warnen, dass die Menschen heute in blinder Wissenschaftsgläubigkeit einer »KI-Religion« folgen, um ihr am Ende in einer ähnlichen dogmatischen »Glaubens«-Verhärtung zum Opfer zu fallen, wie sie das nicht selten im Bereich des Glaubens erfuhren, dem Michel de Certeau und Bruno Latour aus unterschiedlichen Perspektiven neue Lichter aufsetzten. Ein Grundzug der Erwartungen und Hoffnungen der KI-Visionäre scheint in einer fundamentalen Skepsis gegenüber der heutigen Lebenssituation und in der visionären Erhabenheit über sie zu liegen.

Ein formal ähnliches, aber inhaltlich anderes und auch anders motiviertes Drängen lag den Mystikerinnen und Mystikern des 16. und 17. Jahrhunderts zugrunde. Für sie entbehrte der damalige Glaube weithin der Glaubwürdigkeit, die zum Glauben gehört. So verkomme der Glauben, so verkomme die Sprache der Bibel zu einer Sprache, die nicht mehr spricht. Das aber ist die kürzeste Umschreibung des Verlustes von Glaubwürdigkeit: wenn die Sprache des Glaubens nicht mehr spricht. Wenn das Gefühl aufkommt, im Bereich der heute den Menschen bewegenden Fragen spiele der Glaube kaum noch eine Rolle. In beiden Fällen, bei den Mystikerinnen und Mystikern (wie überhaupt im Glauben) *und* bei den posthumanen KI-Visionen, geht es um dieselben existentiellen Fragen des Menschen: Was ist der Mensch? Was macht den Menschen aus? Hat er das Potenzial, der Endgültigkeit des Lebens, seiner Vergänglichkeit etwas entgegenzusetzen? In der Beantwortung dieser Fragen gehen Glaube und posthumane KI-Visionen getrennte Wege.

Wie sehen diese getrennten Wege aus? Sind es absolut getrennte Wege, die beim anderen keinerlei Ähnlichkeit feststellen? Motivisch haben sie den Punkt gemeinsam: sie wollen eine Antwort auf die Kontingenz des Lebens finden. Dabei suchen beide den Ort der Umsetzung *in* der Wirklichkeit des Lebens.

Das gilt für beide, nicht bloß für die posthumanen KI-Visionen. Es dürfte allerdings vieles dafür sprechen, dass KI-Visionäre dem Glauben kaum eine klare Orientierung an der Wirklichkeit des Lebens zutrauen. Im Glauben stehe doch eher das Jenseits, das Übernatürliche im Vordergrund. Diesen Eindruck erwecken Glaubensgemeinden selbst.

Diesen Anstrich also gibt sich die Glaubenswelt häufig selbst. Dagegen bringt Bruno Latour ein geschärftes Profil des Glaubens zur Geltung. Das Anspruchsprofil des Religiösen heiße *Fragilität*. Es müsse sichtbar werden, dass sich das Religiöse vom Leben, von den Gegebenheiten, von den Verhältnissen, von den Paradigmen einer Zeit herausfordern lasse, um von diesem Kontext her die aktuelle Bedeutung der Heilsbotschaft des Glaubens zu ermessen. Dabei geht es weniger um die Abkehr von der Alltagswirklichkeit und um den Blick zum Himmel als um die Bewältigung der Kontingenz des Lebens. Die Fokussierung des Glaubens *im Leben* ist bis heute zu wenig im Bewusstsein der Menschen angekommen. Man glaubt *sie* dem Glauben kaum.

Dabei machen schon die biblischen Narrative deutlich, dass es im Glauben um das Bestehen des Lebens geht. Da ist zum Beispiel die beunruhigte, sich in ihrer Existenz gefährdet sehende Maria von Magdala, die am leeren Grab Jesu verzweifelt fragt, »wohin man ihn gelegt hat« (Joh 20,13). Ihre Existenz scheint bedroht, solange sie auf diese Frage keine Antwort erhält. In der Richtung ihrer Frage aber, wo der Leichnam ihres Herrn sei, wird sie keine Antwort finden. In dieser Richtung gibt es keine Antwort. Dasselbe liegt der schon erwähnten Vision des Mose am brennenden Dornbusch zugrunde (Ex 2,3). Der Dornbusch brannte ohne zu verbrennen. Was bedeutete dieses Schauspiel? Mose lernte daraus zu verstehen, dass alle Glaubensvorstellungen von Gott sozusagen *verbrennen* müssen. Es geht im Glauben nicht um feste Glaubensformeln, die man in einer Schriftrolle bzw. zwischen zwei Buchdeckeln nach Hause tragen kann. Und für die Mystik ist klar, dass man im Glauben nicht an den Punkt kommt, an dem man sagt: da ist Er. »Mystiker ist, wer nicht aufhören kann zu wandern und wer in der Gewissheit dessen, was ihm fehlt, von jedem Ort und von jedem Objekt weiß: *Das ist es nicht*. Er kann nicht *hier* stehenbleiben und sich mit *diesem* da zufriedengeben. Das Verlangen schafft einen Exzess. Es exzediert, tritt über und lässt die Orte hinter sich. Es drängt voran, weiter, anderswohin. Es wohnt nirgendwo.«[201] Man kann sagen, eine ähnliche Beschreibung, bei allen Abweichungen und Unterschieden, treffe auch auf die Anhänger der posthumanen KI-Ziele zu. Auch bei ihnen spielt der Exzess eine Rolle, etwas zu übertreten, Orte zurückzulassen; alles drängt weiter, anderswohin.

Certeau handelt von der Mystik als einer »mystischen Fabel«, nicht um das Ganze auf das Abstellgleis des Märchenhaften zu schieben. Er will bewusstmachen, dass die Mystik das Gesuchte, das irgendwie Unaussprechbare nicht in Worte fassen kann, dass es sich um etwas handelt, das sich entzieht. Es hat etwas vom Charakter des Fabelhaften an sich, so wie wir nach einem Opernabend manchmal sagen: ein fabelhafter Abend. Da nimmt das »fabelhaft« den Charakter eines Oxymorons an, indem in ein und demselben Wort zwei sich widersprechende, zumindest zwei sich aneinander reibende Bedeutungen enthalten sind: einmal fabelhaft als *nicht zu greifen*, und einmal fabelhaft als *hinreißend, als begeisternd*.

Certeau mahnt uns zur Vorsicht, Glaube und KI-Visionen nicht in einem bloßen Kontrast zu sehen. Wobei ich vorausschicken muss, dass Certeau im folgenden Zitat natürlich nicht expressiv unsere Frage nach der Einschätzung der KI vor Augen haben konnte: »Wer sind wir denn, wir Theologen, wer bin ich, Schriftsteller nur meines eigenen Wissens, dass wir zu entscheiden haben, was wahr oder falsch ist, und ihre (sc. der KI-Visionäre; S.K.) Sprache nach der unseren beurteilen dürften? Mehr noch: Über welche Mittel verfügen wir Kleriker, die wir doch auch an eine *partikuläre* Position gebunden sind?«[202] Certeaus Mahnung, die er nicht nur an sich richtet, haben wir zu beherzigen.[203]

Keine Wagenburg-Mentalität

Nach Daniel Bogner unterliegt die Religion im Zuge der Herausbildung des modernen Wissensparadigmas einem gewissen Rollenwechsel. Sie begegnet uns nicht mehr nur im Bereich der institutionalisierten Religion, sondern auch in ungebundenen Praktiken und Handlungsweisen. Es mag als zu weiter Amplitudenausschlag empfunden werden, wenn ich »religiöse« Praktiken und Handlungsweisen im weitesten Sinn auch mit der digitalen Welt und zumal mit posthumanen KI-Bestrebungen in Verbindung bringe. Nicht, um sie zu vereinnahmen, noch weniger, um sie zu »sakralisieren«. Aber es lässt sich nicht bestreiten, dass Äußerungen von KI-Technokraten einen religiösen Unterton annehmen können. Woran das liegt, mag schwer zu beurteilen sein. Aber es deutet einiges darauf hin, dass manche KI-Visionäre von der Welt, wie sie sie vorfinden, nicht mehr angesprochen werden. Sie fühlen sich herausgefordert, in digitalen Initiativen die Welt zu verbessern und Schritte über derzeitige Kontingenzerfahrungen hinaus ins Auge zu fassen. Dabei bleibt, um nicht missverstanden zu werden, die »religiöse« Qualität der Motivation im

Hintergrund. In den Vordergrund drängt sich das Paradigma der technischen Produktion, die erlaubt, an Techniken zu denken, die bisherige Grenzen des technisch Möglichen hinter sich lassen. Da allerdings kommen moralisch-ethische Fragen auf, die bisweilen im Rausch des technisch Möglichen unberücksichtigt bleiben oder für beherrschbar und verantwortbar gehalten werden. Ralf Otte spricht in dem Fall von dem »Mensch-Maschinen-Monster«.

Jedenfalls muss die Theologie die Wagenburg-Mentalität des Alles-besser-Wissens verlassen und bedenken, dass sie selbst auch nur eine partikuläre Position vertritt. Partikulär heißt hier aber nicht, sich ängstlich wie eine Ballett-Elévin an der Ballett-Stange zu halten, um keinen Fehltritt zu machen. Hier sind die Überlegungen von Certeau und Latour eine spürbare Aufmunterung, um aus dem Schutz der Wagenburg herauszutreten.

Die christliche Botschaft stellt keine festformulierte Substanz dar, stellt kein sicheres Substrat dar, an das sich keine Fragen stellen. Wir nähern uns der »Substanz« des Christlichen in Schritten *der Subsistenz*, ohne sie je als Substanz in Händen zu haben. Wir gewinnen die christliche Botschaft nicht, solange wir *nur auf sie selbst* den Blick werfen. Wir kommen ihrer »Substanz« im Prozess der Subsistenz näher, indem wir die christliche Botschaft aus den Kontexten und Subtexten unseres Lebens deuten. In diesem Sinn sprach Latour von der Fragilität als Anforderungsprofil des Religiösen/des Christlichen. Noch schärfer wirkt und damit noch ernster ist zu nehmen, wenn Latour das Religiöse für den Ort des *Relativismus der Interpretationen* hält.

Allein schon vom Begriff der Fragilität des Religiösen her lässt sich eine Brücke zur digitalen Welt schlagen, insbesondere zu posthumanen KI-Visionen. Fragilität ist ein Grundprinzip, eine Grunderfahrung des Lebens, weshalb sie in alle Bereiche und Dimensionen des Lebens hineinreicht. In die der Religion ebenso wie in die der posthumanen KI-Visionen. So wie die Religion dafür anfällig ist, ihre Fragilität zu überspielen, so stellt sich dasselbe Problem bei den KI-Technokraten. Das ist hier nicht gemeint, um an ihnen herumzumäkeln, sondern um ihnen in aller Ehrlichkeit die Frage zu stellen: Seid ihr euch so sicher, dass ihr euch in der Gewinnzone eurer Projekte und eures Lebens bewegt, wenn ihr in der Verschmelzung von Mensch und

Maschine die neue Zukunft, die posthumane Zukunft erblickt? Ich bediene mich hier nicht des Schlagworts des Inhumanismus, das Ralf Otte gebraucht und das wie ein Totschlagargument wirkt, das jeden weiteren Diskurs abwürgt. Aber es liegt doch Anlass genug vor, um uns sozusagen die Verluste vorzustellen bzw. aufzurechnen, die bei einer Verschmelzung von Mensch und Maschine herauskommen können.

Was wird eigentlich genau vom Menschen in seiner Totalität von einem solchen Verschmelzungsprozess erfasst? Wenn es begründeter Maßen nicht möglich sein wird, dass der Geist des Menschen, man kann verstärkend noch hinzufügen, dass die Seele des Menschen von einem noch so hoch entwickelten Supercomputer erfasst wird? Nur die funktionalen und damit energetisch-materiell fassbaren und lesbaren Spuren der Gehirntätigkeit eines Menschen sind konservierbar und insofern irgendwie am Leben haltbar. Nicht konservierbar aber sind die immateriellen und damit unlesbaren Inhalte des Denkens eines Menschen. Was man am lebendigen Menschen materiell messen und somit in die digitale Welt mitnehmen und in ihr konservieren kann, das sind allerdings die Gefühle, die Emotionen eines Menschen.

Allein bis hierhin schon wird deutlich, wie fragil, wie relativ, ja wie beschränkt das eigentlich ist, was da vom Menschen in eine posthumane Welt mitgenommen werden kann. Da aber fehlt noch mehr. Wo bleibt, oder vorsichtiger gesagt, welchen Anteil erhält die körperliche Wirklichkeit des Menschen in einer Verschmelzung mit einer Maschine? Ist der menschliche Körper sozusagen zu opfern, damit sich dem »Rest-Menschen« eine posthumane Zukunft eröffnet? Stellt sich hier nicht die widerständige Frage, was da eigentlich vom Rest-Menschen in eine posthumane Lebenssituation mitgenommen wird? Grätscht hier nicht die Fragilität in die Phantasien von KI-Technokraten hinein? Und diese Grätsche hätte nicht das Mindeste gemeinsam mit der harmlosen Frage der Menschen vor der ersten Zugfahrt von Nürnberg nach Fürth, ob man denn bei einer Geschwindigkeit von 25 km/h noch genug Luft um die Nase habe.

Von der Theologie her möchte man diese Dialogfragen an die Anhänger einer posthumanen KI stellen, und zwar ohne Arroganz oder Überheblichkeit. Denn der Theologie wie dem Glauben ist Fragilität wohl vertraut. Fragilität ist ein Markenzeichen des Glaubens/der Theologie. Ein Markenzeichen, das Latour in letzter Zuspitzung auf die Formel bringt, dass das Religiöse seine Kraft aus dem *Relativismus der Interpretationen* schöpft. Wenn sich die Theologie diese Position Latours zu eigen macht, kann sie zu einem offenen und unverkrampften Gesprächspartner der KI-Technokraten werden. Sie kann in aller Bescheidenheit den KI-Technokraten einen Schubs, englisch einen *nudge*, geben und sie auf die vielfältigen Relativismen innerhalb ihrer eigenen KI-Visionen stoßen.

Dabei gehört es freilich zur Redlichkeit des theologischen Dialogimpulses, uns einzugestehen, dass dem Verständnis der Religion als Relativismus der Interpretationen innertheologisch widersprochen wird. Ich erinnere an den an Silvester 2022 verstorbenen Papst em. Benedikt XVI., der im Frühjahr 2019 mit einem Beitrag »Die Kirche und der Skandal des sexuellen Missbrauchs«[204] an die Öffentlichkeit getreten war. Darin bezichtigte er die katholische Moraltheologie in Deutschland zum Ende der achtziger und zum Beginn der neunziger Jahre eines Zusammenbruchs. Sie hätte sich in der Orientierung am heutigen Zweckdenken diskreditiert. »Es gab nicht mehr das Gute, sondern nur noch das *relativ*, im Augenblick und von den Umständen abhängig Bessere.«[205] Hier erhebt Benedikt den Vorwurf eines Relativismus, für den im Glauben/in der Theologie kein Platz sei. Dieselbe negative Wertung des Relativimus sprach auch aus Benedikt› XVI. Enzyklika *Spe salvi*, wo er sich entschieden von der Position distanzierte: »Das ‚Reich Gottes‹ kommt da, wo der ›Kirchenglaube‹ überwunden und durch den ‚Religionsglauben, das heißt durch den bloßen Vernunftglauben abgelöst wird.«[206]

Versucht sich die Theologie mit Bruno Latour von einem falschen Substanzdenken zu verabschieden, so kann sie sich veranlasst sehen, gegenüber tendenziell posthumanen KI-Technokraten als Warnerin vor falschen und in die Irre führenden dogmatischen bis dogmatistischen Substanzphantasien zu fungieren. Ohne Frage ist die Versuchung neuer Aufbrüche groß, zu meinen, gefestigte Welten vor sich zu haben und sie betreten zu sollen. Hier ist noch einmal der Latour'sche Begriff der *Deformation* aufzugreifen: Der von Latour positiv konnotierte Begriff der Deformation nimmt im Bereich der posthumanen KI eine negative Tonalität und ein bedrohliches Potenzial an, wenn und indem sie in posthumane und inhumane Wirklichkeiten hineinschlittert. So, wie über manche Strecken der christlichen Tradition das Übernatürliche das Natürliche überlagerte, so können posthumane KI-Ziele das Natürliche überlagern, ja unterdrücken, so dass am Ende eine gebrochene Natur herauskäme.

Das christlich Religiöse, von dem sich manche posthumane KI-Visionäre nicht dezidiert absetzen, hat eine eigene Tonalität an sich, die in Dialoggesprächen zu thematisieren wäre. Wir sprechen mit Latour von der spezifischen Tonalität des Christlichen als einer Zeit, die *erfüllt* ist, »*trotz* und *dank* dem Vergehen der Zeit.«[207] Eine schwer zugängliche Aussage. Eine Aussage, der sich eine strenge Logik in den Weg stellen möchte. Wie kann eine Zeit erfüllt sein, wenn sie bei offenem Ende ungebrochen weiterläuft?

Die Theologie spricht mit der Bibel vom »kairos«, von der Heilszeit, die ergangen ist. Sie ist in dem Sinn erfüllte Zeit, als keine Zeitepoche dieses Erfülltseins entbehrt, von ihm unberührt und unbetroffen bleiben wird. *Erfüllt* meint Gleichzeitigkeit, meint permanente Dauer, die *ist,* die *existiert,* obwohl sie sich menschlich-fragilen Maßstäben entzieht. Es geht uns wie Mose am Dornbusch, der aus der Vision die Verheißung mitnimmt, dass Jahwe mit seinem Volk unterwegs ist. Eine Verheißung, in der Mose mit dem Volk mitzieht, bis er vom Gipfel des Berges Pisga herab gegenüber Jericho innehält, mit einem Blick auf das verheißene Land zurückbleibt – und stirbt (Dtn 34,1).

Erfüllte Zeit. Die Bibel und der Glaube deuten sie als einen »kairos«, als eine von Gott erfüllte Zeit. Wir können sie nicht definieren. Wir können nicht ausschließen, dass sich *in* der erfüllten Zeit ganz neue Dinge ereignen, die wir uns nicht vorstellen können. Nur: auch neue Erfahrungen und Entwicklungen werden nicht außerhalb der *erfüllten* Zeit stehen, so dass die *erfüllte* Zeit ihrerseits überholt, überrollt würde von einer posthumanen Zukunft, die sich der Mensch als seine neue Zukunft schafft.

Fazit

Es sind am Ende offene Fragen, die zwischen Glaube/Theologie und posthumanen KI-Visionen stehenbleiben. Es sind keine Fragen, die am Kontrast zwischen Glaube/Theologie und posthumanen KI-Visionen zerbrechen müssen. Es kommt am Ende darauf an, dass Glaube/Theologie und posthumane Visionen einander in gegenseitiger Offenheit begegnen, im Wissen, dass gegenseitige Nachdenklichkeit und Ehrlichkeit weiter führen als dogmatischer Selbstbezug, Besserwisserei und Unbelehrbarkeit. Dann könnte der Austausch zwischen der fragilen digitalen Welt und der fragilen Welt des Glaubens zu einem Segen für die Welt werden, die dann weiß, wohin sie steuert.

Anmerkungen

1 Zitiert nach Schüßler, M. , Zu routiniert für Gott? Transformationsstress digitaler Zeitverhältnisse, in: Beck, W. , Nord, I. , Valentin, J. (Hg.) Theologie und Digitalität. Ein Kompendium, Freiburg im Breisgau 2021, 180–199; hier 187.

2 Vgl. Beck, W., Digitale Konnektivitäten als christliche Sozialform? Von brüchigen Stabilitätsversprechen zu rhizomatisch-ekklesialen Szenen (s. Anm. 1), 302–318; hier 304.

3 Vgl. Schaper, U. , Die digitale Spur des Klimawandels, in: Frankfurter Allgemeine Zeitung, Mittwoch, 03.11.2021, N 1.

4 Vgl. KI hilft bayerischen Kunstfahndern, in: Frankfurter Allgemeine Zeitung, Samstag, 13.11.2021, 15.

5 Hutzschenreuter, T. , Künstliche Intelligenz hat Tücken. Algorithmen sind eine Macht, doch wer sich blind auf sie verlässt, kann Scheinmustern zum Opfer fallen, in: Frankfurter Allgemeine Zeitung, Montag, 07.02.2022, 16.

6 Vgl. Steffens, F. , Folgenreicher Blutstropfen, in: Frankfurter Allgemeine Zeitung, 04.11.2021, 11.

7 Otte, R. , Maschinenbewusstsein. Die neue Stufe der KI – wie weit wollen wir gehen?, Frankfurt am Main 2021, 83.

8 Vgl. Valentin, J. , Versprechen der Digitalisierung und Verheißungen Gottes. Markierungen und Übergänge (s. Anm. 1), 347–376; hier 347f.

9 Vgl. Otte, R. , Maschinenbewusstsein, 88.

10 Koenig, G. , Das Ende des Individuums. Reise eines Philosophen in die Welt der Künstlichen Intelligenz, Berlin 2021, 187.

11 Vgl. Vicini, A. , Posthumanismus in der Populärkultur: Anhaltende Herausforderungen, in: Concilium 57 (2021) Heft 3 284–293.

12 Ebd. 286f.

13 Ebd. 287.

14 Vgl. Stadler, F. , Kultur der Digitalität, Berlin 2016.

15 Habermas, J. , Auch eine Geschichte der Philosophie. Band 2. Vernünftige Freiheit. Spuren des Diskurses über Glauben und Wissen, Berlin 2019, 203.

16 Vgl. https://de.wikipedia.org/wiki/Gottfried_Wilhelm_Leibniz.

17 Stadler, F. , Kultur der Digitalität, 9.

18 Stadler, F. , Kultur der Digitalität, 30f.

19 Vgl. Beck, U. , Risikogesellschaft. Auf dem Weg in eine andere Moderne, Frankfurt am Main, 1986.

20 Vgl. Precht, R. D. , Künstliche Intelligenz und der Sinn des Lebens, München 2020, 14.

21 Precht, R. D. , ebd.

[22] Vgl. Stadler, F., Kultur der Digitalität (s. Anm. 14), 172.
[23] Vgl. Precht, R. D., Künstliche Intelligenz, 15.
[24] Vgl. Stadler, F., Kultur der Digitalität, 172.
[25] Precht, R. D., Künstliche Intelligenz, 16.
[26] Ebd. 95.
[27] Ich beziehe im Folgenden viele Anregungen von Ralf Otte, Maschinenbewusstsein.
[28] Vgl. Koenig, G., Das Ende des Individuums (s. Anm. 10), 45.
[29] Vgl. Otte, R., Maschinenbewusstsein, 38.
[30] Vgl. Koenig, G., Das Ende des Individuums, 44.
[31] Vgl. Stadler, F., Kultur der Digitalität, 167f.
[32] Vgl. Otte, R., Maschinenbewusstsein, 17.

[33] Vgl. ebd. 143.
[34] Vgl. Koenig, G., Das Ende des Individuums, 41.

[35] Klaiber, J., Mysterium Humanum als „Rocket Science" für das 21. Jahrhundert. Artificial Intelligence und (theologische) Anthropologie (s. Anm. 1), 234–254; hier 238.
[36] Vgl. Koenig, G., Das Ende des Individuums, 33; vgl. auch Judith Klaiber, Mysterium Humanum, 238.
[37] Vgl. Koenig, G., ebd. 33.
[38] Vgl. ebd. 128.
[39] Ebd. 126.
[40] Vgl. Otte, R., Maschinenbewusstsein, 96.
[41] Vgl. ebd. 150.
[42] Ebd. 150.
[43] Vgl. ebd. 150f.
[44] Ebd. 98.
[45] Vgl. ebd. 97.
[46] Bellah, R., Der Ursprung der Religion. Vom Paläolithikum bis zur Achsenzeit, Freiburg 2020. Neuausgabe 2021, 53.
[47] Ebd. 53.
[48] Ebd. 60.
[49] Vgl. ebd. 113.
[50] Otte, R., Maschinenbewusstsein, 188.
[51] Vgl. ebd.
[52] Vgl. Valentin, J., Versprechen der Digitalisierung und Verheißungen Gottes (s. Anm. 1), 349.
[53] Vgl. Otte, R., Maschinenbewusstsein, 186.
[54] Stadler, F., Kultur der Digitalität, 172.
[55] Vgl. Große Künstliche Intelligenz. Jonas Andrulis zählt zu den Hoffnungsträgern der KI in Deutschland. Ein Gespräch mit Alexander Armbruster, in: Frankfurter Allgemeine Zeitung vom 16. Mai 2022, 21.

56 Vgl. Lenzen, Manuale, KI muss wieder langweiliger werden. In sozialen Lebensbereichen richtet schlechte Künstliche Intelligenz viel Schaden an, in: Frankfurter Allgemeine Zeitung vom 6. April 2022, N4.

57 Ebd.

58 Vgl. Morch, H. , H. , Wie kommt der Geist in die Natur? Diese Frage ist eine harte Nuss. Und die Antwort vielleicht überraschend einfach, in: Frankfurter Allgemeine Sonntagszeitung vom 4. Januar 2018, 64–65; erstveröffentlicht wurde der Text am April 2017 in der Zeitschrift Nautilus.

59 Ebd. 64.

60 Otte, R. , Maschinenbewusstsein, 221.

61 Vgl. Morch, H. , H. , Wie kommt der Geist in die Natur?, 64.

62 Ebd. 64.

63 Vgl. Otte, R. , Maschinenbewusstsein, 122.

64 Vgl. Ebd. 17.

65 Ebd. 35.

66 Precht, R. , D. , Künstliche Intelligenz (s. Anm. 20), 30.

67 Vgl. Knobloch, S. , Bilder der Kunst. Bilder des Lebens, Passau 2017, 26–31.

68 Handke, P. , Die Obstdiebin. Oder eine Fahrt ins Landesinnere, Berlin 2019, 546f; vgl. Knobloch, S. , Grauzonen der Transzendenz bei Peter Handke und Martin Walser, München 2021.

69 Andronikashvili, Z. , Gewalt schlägt jedes Argument. Nichtliebe als die Kultur der Putin-Jahre: Wie der Zynismus der Lagerwelt die Höhen von Russlands Gesellschaft eroberte, in: Frankfurter Allgemeine Zeitung vom 24. Mai 2022, 9.

70 Vgl. https://www.tagesspiegel.de/kultur/abba-avatar-show-in-london-fuer-immer-jung/28379082.html.

71 Vgl. Klaiber, J. , Mysterium Humanum (s. Anm. 1), 248f.

72 Vgl. ebd. 250.

73 Ebd. 244.

74 Vgl. ebd. 237.

75 Otte, R. , Maschinenbewusstsein, 127.

76 Ebd. 125.

77 Weil es Ralf Otte um diesen Bereich der Roboterisierung ging, einschließlich der Möglichkeiten, die sich daraus ergeben können, trägt seine Publikation den Titel „Maschinenbewusstsein. Die neue Stufe der KI – Wie weit wollen wir gehen?"

78 Ebd. 110.

79 Vgl. Fußnote 58.

80 Otte, R. , Maschinenbewusstsein, 129.

81 Ebd. 111.

82 Ebd. 151.

[83] Ich wiederhole Überlegungen aus meiner Publikation „Uneindeutig glauben. Von der Vielfalt der christlichen Botschaft, Ostfildern 2022, 54–61.

[84] Breul, M. , Eine Kritik des metaphysischen Realismus, in: Wendel, S., ders. , Vernünftig glauben – begründet hoffen. Praktische Metaphysik als Denkform rationaler Theologie, Freiburg im Breisgau 2020, 235.

[85] Ebd. 235.

[86] Seewald, M. , Dogma im Wandel,. Wie Glaubenslehren sich entwickeln, Freiburg im Breisgau 2018, 254.

[87] Otte, R. , Maschinenbewusstsein, 149.

[88] Ebd. 149.

[89] Vgl. https://www.spiegel.de/netzwelt/gadgets/robokratie-rezension-des-buchs-von-thomas-Wagner-a-1040055.html.

[90] Vgl. auch Otte, R. , Maschinenbewusstsein, 142.

[91] Vgl. Franke, A. , Scherer, B. , Die Zivilisationsfalle. Ist unsere Vorstellung vom Gang der Geschichte unausweichlich? David Graebers und David Wengrows Buch »Anfänge« ist ein Manifest gegen das unaufgeklärte Selbstbild moderner Gesellschaften. Es wird Debatten verändern – auch bei uns, in: Frankfurter Allgemeine Sonntagszeitung, 23. Januar 2022, 37.

[92] Rahner, K. , Die Gegenwart der Kirche, in: Karl Rahner. Sämtliche Werke. Ergänzungen. Band 32. Erster Teilband, Freiburg im Breisgau 2016, 217–270; hier 261.

[93] Ebd. 262.

[94] Nietzsche, F. , Die fröhliche Wissenschaft. Drittes Buch, in: Nietzsche. Werke in vier Bänden. Band IV, Salzburg 1980, 61f.

[95] Zitiert nach Schüssler, W., Irrelevanz und Relevanz der christlichen Botschaft für den modernen Menschen. Zu einer kritischen Analyse Paul Tillichs, in: Trierer Theologische Zeitschrift 130 (2021) Heft 3, 193–206; hier 194.

[96] Ebd. 195.

[97] Vgl. Bogner, D. , Retten, nicht informieren. Christliche Theologie im Dialog mit Bruno Latour, in: Herder Korrespondenz 75 (2021) Heft 12, 36–39.

[98] Ebd. 38.

[99] Latour, B. , Existenzweisen. Eine Anthropologie der Modernen, Berlin 2018, 411.

[100] Vgl. zum Folgenden Luber, M. , Interkulturelle Theologie, rekursive Anthropologie und ontological turn, in: Diakonia 52 (2021) Heft 3 146–153.

[101] Ebd. 148.

[102] Ebd. 147.

[103] Ebd. 148.

104 Vgl. Wagner-Engelhaaf, M., Blicke über den Rand der Welt, in: Frankfurter Allgemeine Zeitung, 14. Oktober 2021, 10.
105 Luber, M., Interkulturelle Theologie, 148.
106 Karl Rahner, Sämtliche Werke. Ergänzungen Band 32/1, 135.
107 Ebd. 135.
108 Ebd. 10.
109 Rahner, K., Zur Theologie des Gottesdienstes, in: Karl Rahner. Sämtliche Werke. Geistliche Schriften. Späte Beiträge zur Praxis des Glaubens. Band 29, Freiburg im Breisgau 2007, 392.
110 Ebd. 392.
111 Rahner, K., Sacramentum mundi. Band II (1968), in: Karl Rahner. Sämtliche Werke. Band 17/2, Freiburg im Breisgau 2002, 1056.
112 Vgl. Rauchhaupt, U., von, Die schöne Wirklichkeit. Die ersten Bilder des James-Webb-Weltraumteleskops verdanken sich einem Unternehmen internationaler Zusammenarbeit, in: Frankfurter Allgemeine Zeitung vom 14. Juli 2022, 9.
113 Bellah, R., Der Ursprung der Religion (s. Anm. 46), 379.
114 Vgl. Koenig, G., Das Ende des Individuums, 25.
115 Vicini, A., Posthumanismus in der Popkultur (s. Anm. 11), 287.
116 Vgl. Neue Technologien – Fluch oder Segen. Concilium 55 (2019) Heft 3; Inkarnation im post/humanen Zeitalter. Concilium 57 (2021) Heft 3.
117 Vgl. Haraway, D., Ein Manifest für Cyborgs, in: dies., Die Neuerfindung der Natur. Primaten, Cyborgs und Frauen, Frankfurt/New York 1995, 33–72.
118 Ebd. 39.
119 Ebd. 67.
120 Vgl. ebd. 72; vgl. auch Graham, E., Der spirituelle Cyborg: Religion und Posthumanismus zwischen säkular und postsäkular, in: Concilium 57 (2021) Heft 3 248–256.
121 Vgl. Beck, W., Digitale Konnektivitäten als christliche Sozialform? (s. Anm. 1), 313.
122 Vgl. ebd. 313.
123 Precht, R. D., Künstliche Intelligenz und der Sinn des Lebens (s. Anm. 20), 65.
124 Vgl. ebd. 65.
125 Spiegel, H., Putins Hirn, in: Frankfurter Allgemeine Zeitung vom 14. Juli 2022, 9.
126 Zitiert nach Valentin, J., Versprechen der Digitalisierung und Verheißungen Gottes (s. Anm. 1), 349.
127 Obwohl mein Gewährsmann Ralf Otte in seiner Veröffentlichung „Maschinenbewusstsein" ausschließlich vom Posthumanismus spricht, von

dem er sich entschieden absetzt, möchte ich die Tür zu einem moderaten Verständnis des Transhumanismus einen Spalt offenlassen.

128 Vicini, A., Posthumanismus in der Popkultur, 284f.

129 Stadler, F. , Kultur der Digitalität (s. Anm. 14), 9.

130 Vicini, A. , Posthumanismus in der Popkultur, 284f.

131 Vgl. ebd. 285.

132 Vgl. ebd. 290.

133 Vgl. Cormie, L. , Transhumanität, Posthumanität, Anthropozän. Wechselnde Horizonte von Unwissen und Wissen, Wirklichkeit und Möglichkeit, Hoffnung und Glaube, in: Concilium 57 (2021) Heft 3 331–341; hier 334.

134 Zitiert nach Cormie, L. , ebd.

135 Vgl. Otte, R. , Maschinenbewusstsein, 186.

136 Vgl. Precht, R. D. , Künstliche Intelligenz, 69.

137 Ebd. 67.

138 Otte, R. , Maschinenbewusstsein, 206.

139 Ebd. 206.

140 Ebd. 206.

141 Ebd. 206f.

142 Vgl. Benanti, P. , Künstliche Intelligenz, Roboter, biomedizinische Technik und Cyborgs: Neue theologische Herausforderungen?, in: Concilium 55 (2019) Heft 3 267–279; hier 275.

143 Ebd. 275.

144 Vgl. Otte, R. , Maschinenbewusstsein, 172.

145 Vgl. ebd. 191ff.

146 Koenig, G. , Das Ende des Individuums, 172f.

147 Thweatt, J. , J. , Natalität, Mortalität und Post/Humanität, in: Concilium 57 (2021) Heft 3 302–312; hier 304f.

148 Rahner, K. , Experiment Mensch. Theologisches über die Selbstmanipulation des Menschen, in: Karl Rahner. Sämtliche Werke. Verantwortung der Theologie. Im Dialog mit Naturwissenschaften und Gesellschaftstheorie. Band 15, 437–455.

149 Ebd. 454.

150 Ebd. 455.

151 Ebd. 438.

152 Ebd. 439

153 Ebd. 442.

154 Ebd. 447.

155 Ebd. 452–454.

156 Vgl. Knobloch, S. , Prediger des Barock. Franz Joseph von Rodt. Schriften zur Religionspädagogik und Kerygmatik. Band 11, Würzburg 1974.

157 Vgl. zu Nick Bostrom: Koenig, G. , Das Ende des Individuums, 76–83.

158 Ebd. 82.

159 Ebd. 82.
160 Ebd. 83.
161 Ebd. 85.
162 Vgl. Otte, R., Maschinenbewusstsein, 171.
163 Precht, R., D., Künstliche Intelligenz und der Sinn des Lebens, 35.
164 Latour, B., Existenzweisen. Eine Anthropologie der Modernen, Berlin 2018, 418.
165 Ebd. 419.
166 Vgl. ebd. 419.
167 Latour, B., Jubilieren. Über die religiöse Rede, Berlin 2016, 39f.
168 Vgl. Thweatt, J., J., Natalität, Mortalität und Post/Humanität (s. Anm. 147), 310.
169 Ebd. 310.
170 Torres Queiruga, A., Der Auftrag der Theologie nach der postkonziliaren Restauration, in: Concilium 52 (2016) 16–25; hier 24,
171 Breul, M., Eine Kritik des metaphysischen Realismus (s. Anm. 84), 191.
172 Ebd. 219.
173 Latour, B., Existenzweisen, 414.
174 Ebd. 414.
175 Ebd. 422.
176 Ebd. 418.
177 Ebd. 419.
178 Ebd. 423.
179 Ebd. 423.
180 Ebd. 427.
181 Ebd. 414.
182 Vgl. ebd. 431.
183 Ebd. 427.
184 Gotteslob des Bistums Passau, Liednummer 866.
185 Latour, B., Existenzweisen, 432.
186 Ebd. 432.
187 Ebd. 433.
188 Ebd. 436.
189 Benyoetz, E., Aberwenndig. Mein Weg als Israeli und Jude ins Deutsche, Würzburg 2018, 167; vgl. Knobloch, S., Das Hiersein übertreffen. Gottsuche in der Gegenwartsliteratur, Würzburg 2020, 35–61.
190 Zitiert nach Joachim Valentin, Versprechen der Digitalisierung und Verheißungen Gottes (a. Anm. 1), 351.
191 Vgl. Certeau, M. de, GlaubensSchwachheit, Stuttgart 2009; ders., Mystische Fabel. 16. bis 17. Jahrhundert, Berlin 2010.
192 Bogner, D., Das Religiöse weiter denken. Mystik als heuristische Kompetenz, in: Certeau, M. de, Mystische Fabel, 491–532; hier 527.

[193] Vgl. Kurzweil, R. , Die Intelligenz der Evolution. Wenn Menschen und Computer verschmelzen, Köln 2016; hier zitiert nach Joachim Valentin, Versprechen der Digitalisierung und Verheißungen Gottes, 349.

[194] Vicini, A. , Posthumanismus in der Popkultur (s. Anm. 11), 284f.

[195] Zitiert nach Cormie, L. , Transhumanität, Posthumanität, Anthropozän (s. Anm. 133), 334.

[196] Vgl. Otte, R. , Maschinenbewusstsein, 186.

[197] Otte spricht vom *Trans*humanismus, während ich versucht habe zwischen *Trans*- und *Post*humanismus zu unterscheiden.

[198] Ebd. 200.

[199] Ebd. 201.

[200] Ebd. 203.

[201] Certeau, M. , de, Mystische Fabel, 487.

[202] Certeau, M, . de, GlaubensSchwachheit, 109.

[203] In einer Fußnote verweist Certeau auf den Text von Irenäus von Lyon, Gegen die Häresien, in dem es heißt: Der christlichen Heilsordnung „haben sich viele von den Barbarenvölkern angeschlossen, die an Christus glauben. Ohne Papier und Tinte (heute könnten wir sagen, ohne WhatsApp und Ähnlichem; S.K.) haben sie ihr Heil durch den Geist in ihre Herzen geschrieben, … die diesen Glauben ohne Schriften angenommen haben, sind von unserer Sprache aus Barbaren, aber was ihre Einstellung angeht, sind sie wegen ihres Glaubens die weisesten Menschen"; vgl. ebd. 109; es ist eine Mahnung, heute KI-Technokraten nicht für „Barbaren" zu halten.

[204] Vgl. www.katholisch.de/aktuelles/aktuelle-artikel/benedikt-XVI-68er-sind

[205] Ebd.

[206] Sekretariat der Deutschen Bischofskonferenz (Hg.), Verlautbarungen des Apostolischen Stuhls. Nr. 179. Enzyklika Spe salvi, Bonn 2007, 19.

[207] Latour, B. , Existenzweisen, 436.